SOUVENIRS

D'UN VOYAGEUR

SANS PRETENTION.

SOUVENIRS

'UN VOYAGEUR

SANS PRETENTION.

Par M. M***.

> Les hommes sont de grands enfans malades ;
> il faut les tromper pour leur faire prendre
> les remèdes salutaires.

TOME SECOND.

A PARIS,

CHEZ MIGNERET, IMPRIMEUR,
RUE DU SÉPULCRE, F. S. G., N.º 28.

An XI.—1803.

SOUVENIRS

D'UN VOYAGEUR

SANS PRÉTENTIONS.

CHAPITRE XXV.

Les Femmes.

DEUX jours s'étaient passés depuis que j'avais surpris le secret de mademoiselle de Sauville ; de ma vie je n'avais éprouvé tant d'agitations... J'admirais avec quelle force d'ame elle avait pris son parti, avec quelle décente énergie elle répondait au capitaine.... L'amour avait secoué son flambeau ; une étincelle m'avait atteint. Je sentais que j'avais perdu pour la vie cette délicieuse tranquillité que j'avais tant préférée quelques temps auparavant. Ma raison ne m'avait pourtant pas abandonné ; j'étais encore moi-même, car je ne redoutais pas le moment où Henri devait me quitter pour toujours ; . . . mais un sentiment de mélancolie, de tristesse, avait remplacé dans mon cœur l'inquiétude et la crainte, ma conscience était muette. Je soupirais, mais je n'appréhendais plus l'arrivée du chevalier de Bellemare, je la desirais. Je le supposais, sans chagrin, ce qu'il devait être aux yeux de Henri ; aimable, séduisant, plein de qualités... Je le plaignais d'ignorer jusqu'à quel point il était aimé ; car Henri ne l'avait sûrement pas prévenu.

J'entrai chez le capitaine. Il était encore dans l'étonnement que lui avait causé Mlle de Sauville : » ce » n'était pas une femme ordinaire ; » elle avait le cœur excellent, infi-

» niment d'esprit : c'était une héroïne.
» Cependant il ne croyait pas que
» nous fussions plus heureux, si
» toutes les autres lui ressemblaient.
» D'où venait cet entêtement, cette
» opiniâtreté à élever les femmes
» comme des Amazones, ou bien à
» en faire des poupées ? Il ne voulait
» pas qu'elles fissent parade d'igno-
» rance, ni qu'elles fussent au-dessous
» de l'être le plus faible.... des *auto-*
» *mates.* Mais elles perdaient de
» leurs qualités naturelles pour en
» acquérir qui leur étaient tout-à-fait
» étrangères, et dont elles n'ont pas
» besoin une fois dans leur vie. On
» dirait à présent, mon cher Marbai,
» que les femmes rougissent de ce qui
» les rend si touchantes, de ce qui
» leur donne tant d'empire sur nous,
» de ce qui fait notre bonheur. On
» dirait que nous les craignons ; que
» nous les redoutons, et que pour
» faire triompher notre faiblesse,

» nous avons pris à tâche de
» dénaturer la plus belle, la plus
» intéressante moitié de notre es-
» pèce. »

— On sent, mon cher capitaine,
on voit que Mlle de Sauville est
douce, modeste; on peut d'ailleurs
justifier son déguisement....

— Je vous entends.... Une autre
qui n'aurait eu ni son cœur ni son
ame, mais qu'on aurait élevée
avec autant de soin, aurait tout uni-
ment cédé à la première passion...
Vous convaincrez Mlle de Sauville,
parce qu'elle a l'esprit juste, le cœur
bon; l'amour du vrai, du beau la
touche; elle est instruite, et souvent dans ces espèces d'individus,
l'amour brûle comme l'encens sur
l'autel; chez elle, l'amour est une
vertu de l'ame, ce n'est plus une
passion. Mais aussi combien en trou-
verez-vous qui résistent à un penchant, et songent même à le com-

battre? Il y a sûrement des exceptions; mais, en général, je n'aurai jamais une bonne opinion d'une jeune personne aussi hardie, aussi entreprenante. Il n'y a guères que pour secourir un père, une mère, ou un parent très-proche, que j'approuverais une pareille démarche.

Mon cher Marbai, on ne sent pas assez l'influence des femmes dans une grande nation. Si vous portez un regard observateur sur tous les rangs, sur tous les états, vous n'en pourrez disconvenir; votre vieillard aux quinze filles avait bien réfléchi sur cette vérité. Il ne faut pourtant pas laisser l'éducation des hommes aux femmes; il faut les rendre dignes les uns des autres.

J'ai depuis long-temps observé que le pouvoir le plus généralement reconnu, le plus universel, était celui qu'une femme pouvait exercer. Rien ne résiste à la femme : ses moin-

dres desirs sont des loix , et ces loix
sont plus respectées que celles du
plus implacable tyran. L'hommage
qu'on lui rend n'a rien d'humiliant ;
il paraît volontaire. Ses esclaves
s'honorent de leurs chaînes , et les
portent jusqu'au tombeau. J'ai vu
des hommes intrépides , que les
menaces les plus terribles , que le
feu dévorant de la douleur ne pouvaient ébranler : un mot, un sourire,
un coup-d'œil d'*une* beauté modeste,
brisaient cette tenace opiniâtreté....
Sans satellites , sans bourreaux ,
sans cet appareil effrayant de la destruction , on a vu des jeunes filles
arracher tout ce qu'on voulait savoir
de ceux qui auraient bravé la puissance de vingt rois courroucés. Ce
charme inconcevable agit même sur
les enfans ; ils se soumettent et obéis-
sent à la voix de leur petite amie ; et
le vieillard , courbé sous le poids des
années , sourit encore à l'aspect

d'une jeune beauté ; sa mémoire ré-
trogade avec la rapidité de l'éclair ,
et lui retrace , jusques sur le bord de
la tombe , la délicieuse image des
plaisirs qui l'enivrèrent.

Dans tous les rangs , dans tous les
états, soit que le plaisir électrise, soit
que les peines et les soucis énervent
le courage , la femme partage également l'une et l'autre situation. Par
ses caresses enchanteresses, elle double le bonheur ; ses soins, ses pré-
venances émoussent la pointe du
chagrin , écartent la tempête, et ra-
mènent le calme.

Compagne généreuse et fidèle ,
elle suit et console son ami dans la
disgrace... Vous en avez la preuve.
Dans un corps faible et délicat, elle
renferme un courage héroïque. . . .
Mais voyez-la remplir le devoir
sacré de mère. La pudeur est sur son
sein ; ses bras pressent avec amour
le fruit de ses plaisirs et de ses dou-

leurs ; ses yeux inquiets parcou-
rent ses membres délicats ; ... ils
y cherchent, ils y trouvent l'empreinte des traits de celui qui fit palpiter son cœur pour la première
fois :... elle pourvoit aux besoins du
gage de son amour ; elle les prévient ;
elle rit , souffre , pleure avec lui ;...
elle l'excite par ses douces caresses ,
par ses interrogations enfantines ; ...
et si elle a surpris les traces fugitives
d'un sourire, si ses oreilles ont été
frappées d'un son, si elle croit avoir
distingué l'articulation du mot chéri,
admirez le délire de l'amour : ..... sa
physionomie est changée ;.... elle en
devient plus belle ; elle est divine.

Le scélérat, prêt à consommer
un forfait, s'arrête à la vue d'une
femme ;... il s'étonne de connaître la
honte ;... son bras est sans force....
Il rougit ; son sang se retire vers son
cœur endurci ; il s'étonne de le sentir palpiter ; une larme est prête à

couler...... Il pressent une espèce
de jouissance à respecter l'ordre :...
que dis-je? le monstre a fait place à
l'homme sensible ; son énergie s'est
élancée vers un autre objet :..... il
deviendra bon, juste ; il sera utile à
sa patrie ;... il n'aura plus qu'à com-
battre le remords.

Si je vous peignais les tendres empressemens d'une femme auprès d'un
époux chéri, d'un père honoré,
d'une mère idolâtrée, d'une amie
même qui luttent contre la douleur ;
où trouverez - vous cette douceur,
cette patience, cette adresse, cette
sensibilité? ....

La nature imprima dans chacun
de nous un penchant irrésistible
qui nous entraîne vers la femme :
celle-ci, retenue par un sentiment
fier et profond, dissimule, cache
le feu qui la consume, veut l'ignorer
elle-même, le couvre des dehors
d'une insouciante étourderie ; et les

A.

plaisirs qu'elle prépare sans le savoir, n'en deviennent que plus piquans.

La femme est presque toujours ou l'objet de nos vertus, ou la cause de nos vices, de nos crimes. La femme semble n'avoir qu'un but, qu'une passion; elle veut plaire, elle veut régner; elle plaira, elle régnera : elle fera adopter ses goûts, chérir ses penchans, adorer ses caprices. Ses opinions ont ébranlé les fondemens des empires; elles changeront la face de l'univers.

De quelle manière élève-t-on un être aussi intéressant, aussi dangereux ? Car je ne vous ai pas dit tout ce qu'elle pourrait être; j'ai seulement indiqué ce qu'on pouvait en attendre de grand, de bon, ... lorsqu'élevée avec des soins raisonnés, on aura dirigé son esprit, son cœur, vers l'utile, vers le beau. Ne dirait-on pas que l'homme a cherché tous les moyens d'empoisonner la source qui devait le désaltérer ?

On remplit la tête de nos femmes de quelques mots ; on leur apprend à danser, à jouer d'un instrument, à suivre, ou à inventer une mode,... à dissimuler sur-tout. Celles dont la mémoire est surchargée de tirades romanesques, de chansons, passent pour être charmantes, spirituelles.... Depuis quelque temps elles se mêlent de *philosopher*,... et raisonnent à perte de vue. Quelques-unes politiquent, et ne savent pas un mot de géographie, ignorent entièrement ce que l'on entend par diplomatique : elles parlent de guerres, d'armées, de flottes ; .... prônent ou flétrissent tel ou tel général ; distribuent à leur toilette des brevets de réputation ; assignent à tel savant le rang qu'il doit occuper dans la république des lettres. D'autres, après avoir minaudé dans leur loge pendant sept à huit ans, s'en vont bâiller dans une église, et font semblant d'écouter le prédicateur à la mode ;.... mais il faut encore un aliment à leur activité défaillante. . . . .

Mon ami, nous avons des femmes à saillies, sans bon sens ; des femmes d'esprit sans cœur, des femmes savantes sans ame, des femmes charmantes sans caractère ;.... mais nous avons de jolies femmes. Eh ! comment cela serait-il autrement ? La fameuse Ninon de Lenclos fut adorée de son temps : elle vit les princes à ses pieds ; elle reçut les hommages de tous les états ; elle fut recherchée, chérie, honorée ; elle fit *sensation*, et ne connut rien au-dessus d'elle.... Mais on s'est à peine apperçu de la mère de famille, attentive, économe, laborieuse. A peine a-t-on donné quelques louanges froides et stériles à ses vertus héroïques. Personne ne lui a tenu compte de ses

peines , de sa patience , de ses priva-
tions continuelles....

— Capitaine, mon vieillard aux
quinze filles avait raison, mais on ne
l'imitera pas.

— Je n'oserais l'espérer :... on n'a
guères le temps à présent ; on a de
l'or qu'il faut dépenser. Une table ,
des équipages , des domestiques ,
des chiens , des chevaux , laissent
encore un dégoût, un vide dans
l'ame. La comédie , l'opéra ,.... cela
finit par ennuyer. Nos femmes honnêtes sont d'une pruderie !..... nos
jeunes filles si fades, si mal élevées !
On n'écrit rien de piquant à présent;
on ressasse les idées des autres. ...
.... La chasse est si fatiguante!
Le jeu ! avec qui joue-t-on ? avec
de vieilles douairières détestables :...
il n'est pas possible d'y resister. Que
faire ? car enfin, il faut faire quelque
chose.

On se procure, avec son or, de ces jouissances grossières dont l'idée seule devrait révolter : on vit publiquement avec ces misérables créatures , sans honte , sans ame, sans passions que celles de l'argent. On les prend , on les quitte par ennui : on leur sacrifie, sans amour, l'estime publique, la fortune, la santé. Cependant les rues sont inondées de mendians de toutes les espèces ; les hôpitaux regorgent. O mon ami ! depuis que la philosophie moderne s'est emparée de nos esprits , nos mœurs se sont bien épurées !

— Mais , capitaine , les philosophes ne prêchent pas toutes ces horreurs-là....

— A quoi donc sont-ils utiles ? Qu'ont-ils fait ? Je ne vois pas, moi , qu'ils nous aient ôté nos vices ; je ne m'apperçois pas même qu'ils aient diminué ; je les vois se perdre et reparaître sous d'autres formes.

Tous ces philosophes tant vantés, je parle de ceux qui prêchent les vertus, je les vois vaciller dans leurs principes, je les vois chancelans dans leur conduite morale ;.... je les vois se contredire eux-mêmes, et tomber d'inconséquences en inconséquences. Gardez-vous sur-tout de les étudier de trop près ; admirez-les dans leurs livres ; ne les cherchez pas dans leur vie domestique, vous seriez cruellement déçu. L'auteur du T......, cet homme dont les écrits respirent la bonté, la douceur, l'amour des devoirs, fut mauvais époux, mauvais père, mauvais ami.... Tout transpire, on sait tout....... Supposez-les ce qu'ils doivent être en effet, nous n'en serons pas plus heureux,.... mon cher ami, quelques particuliers ne sauraient donner des mœurs à une nation. Tant qu'ils ne seront pas d'accord avec le gouvernement, tant que le gouvernement ne s'occupera pas sérieuse-

ment d'une réforme, tant qu'il ne diri-
gera pas ses forces vers l'important
objet d'une morale publique; les écrits
de nos savans, de nos hommes de
lettres, leurs déclamations, leurs sor-
ties vigoureuses contre la dépravation , ne produiront aucun effet.

Pensons à notre charmante enfant:...
entretenez-la, je vous prie , dans ces
dispositions.. Il faut s'occuper de son
déjeûner; la pauvre petite doit avoir
bien souffert.... J'aime la décence ,
mon cher Marbai ; une jeune personne , dans un appartement , à part
avec sa fille de chambre ,... cela peut
aller.... Si son frère était avec elle ,
je n'aurais point d'objections :.... de
grâce, ne la quittez pas qu'elle ne
soit absolument en route....

Le domestique qui avait apporté
la lettre, demandait à nous parler.
Je le conduisis à ma chambre..

CHAPITRE XXVI.

Les Adieux.

O MADEMOISELLE ! — Chut, mon cher Blondel. Vous savez... — Eh ! mon Dieu, oui, je sais ; mais...

— Mon cher Blondel, dites - moi la vérité ; ne me trompez pas.

— Il ne faut pas vous épouvanter... La maladie sera peut-être longue ; mais le chirurgien en répond.

— Dieu soit loué ! ... Vous n'avez pas reposé depuis deux nuits, monsieur. Quel embarras je vous cause !

Elle était occupée à arranger quelque chose dans une malle ; elle la ferma et déjeûna, assise dessus. Je la regardais en silence. Blondel, debout à côté de moi, semblait craindre et vouloir lui parler.

— Nous partons dans l'instant,

mon cher Blondel; vous reviendrez
avec moi. . . . Comment partirons-
nous ? Il me tarde d'être à Paris. . . .
Ces malles resteront ici.

— Ainsi, mademoiselle, vous êtes
bien résolue....

— Oui, mon cher Blondel, je
m'abandonne à vos soins.

Et Blondel disparut.

— Il m'a vu naître, monsieur ;
c'est un homme bien estimable. . . .
Vous avez tant fait pour moi,... j'espère que vous m'accorderez encore
une grace : ... veuillez vous charger
de ces malles;... vous savez pour qui
elles étaient destinées. Visitez-les,
monsieur ; vous y trouverez de l'argent : si vous croyez que j'aie oublié
quelque chose, disposez-en à votre
volonté. Il y a aussi des lettres, des
papiers ; ...... lisez-les,..... vous me
jugerez alors.... Je n'avais pas écrit
cela pour des étrangers ; ....
j'étais seule, ... je parlais seule ;

je m'occupais pour moi - même.

J'emporte avec moi le plus tendre souvenir de vos bontés ;.... je ne les oublierai jamais ,... jamais.

Elle pleurait ; je marchais le cœur et la tête remplis de ce que le capitaine m'avait dit, de ce que j'avais vu : je n'osais lui parler.

— M. de Marbai, je connais Blondel. Il ne tardera pas : je serais bien aise de parler à M. de Kerbonne avant de partir...

Je fus le chercher.

— Je pars, monsieur, pénétrée d'estime et de respect pour vous.

— Et moi, mademoiselle, je vous honore du plus profond de mon cœur. Nous avons tous deux des motifs bien différens de raisonner. Je desire que vous n'ayez jamais à vous repentir de votre manière de voir..... On est doublement malheureux quand on l'est par sa faute...... Les idées changent, mademoiselle;.. les années amènent d'autres desirs , d'autres goûts.... Il est inutile de vous dire que je ferai mon possible pour adoucir de toutes sortes de manières...... L'infortune a bien des droits sur moi.

— Je vous entends, monsieur, c'est un surcroît de reconnaissance ;.... je me résigne avec soumission. Un jour viendra peut-être où je pourrai consoler celui à qui je dois tant. Ce n'est ni le moment, ni le lieu de vous en dire davantage : vous me rendrez justice, monsieur, lorsque vous serez mieux informé.....

Blondel rentrait. Le chevalier nous avait entendus ; il était à la porte, et regardait Henri avec beaucoup d'attention... L'oncle l'apperçut...

— Que faites-vous-là, monsieur?...

— Je venais dire adieu à Henri, mon oncle.

Henri s'avance un peu en étendant la main.

— Monsieur le chevalier, je vous

dois beaucoup de reconnaissance ; c'est par vous que j'ai connu M. de Marbai....

Vous voudrez-bien, M. de Kerbonne, me permettre de prendre congé de votre neveu.

Le chevalier avait déja couvert sa main de vingt baisers ;..... Henri la retira doucement en rougissant.

— Je vous demande une grace, monsieur le chevalier : vous me l'accorderez....

— Je vous jure sur-tout........

— Ne jurez pas ,... je vous crois... C'est de me promettre que vous ne boirez jamais de punch qu'avec votre oncle , ou avec moi......

Le Chevalier était resté immobile , la bouche entr'ouverte, les bras étendus commes'il eut encore tenu la main de Henri.

— Il est temps de partir.... Vous ne refuserez pas, monsieur de Kerbonne, le baiser paternelà un infor...

Elle ne put achever ; le capitaine la pressa contre son sein , les yeux élevés vers le ciel.... Elle se débarrassa après avoir reçu le baiser paternel , me prit la main , la pressa dans les siennes , appuya sa tête sur mon bras.

Je pleurais ;... j'étais hors de moi-même...

Elle me quitta,... nous jeta à chacun un regard et s'échappa : Blondel la suivit.

— O femmes ! s'écria le capitaine. Mon Dieu ! quand s'occupera-t-on des femmes ?

Je la rejoignis ; je la vis monter en chaise de poste. Blondel s'assit à côté d'elle : elle me donna la main par la portière;... je la pressai doucement, mais je n'osai la baiser.

— M. de Marbai ,... j'ai encore un dépôt à vous confier. J'avais voulu,.. je ne saurais résister. Prenez ce médaillon ; c'est la copie du dépôt de

M. de Kerbonne. Vous en ferez l'usage qu'il vous plaira : homme sensible, homme estimable, je vous aurais confié l'original, vous l'auriez rendu au bonheur.... Adieu...

Je ne voyais déja plus la voiture;.. mais j'écoutais encore :.... *Je vous aurais confié l'original, et vous l'auriez rendu au bonheur...*

Je pensais au capitaine, à ce qu'il m'avait dit au sujet des femmes ; je voyais encore la scène du vaisseau. On me saisit le bras, c'était le chevalier.

— Est-elle partie ?..... Ma foi, je ne me serais jamais défié... C'est un ange, mon cher ; savez-vous que c'est un ange.... J'ai entendu tout ce qui s'est passé cette nuit...... Non, parbleu, je ne boirai plus de punch qu'avec mon oncle, avec elle :...-je ne serai pas si heureux. Dites-moi donc quel est son nom ?... Qu'avez-vous donc ? essuyez-vous.

Effectivement, j'avais oublié : deux larmes étaient encore sur mes joues. Je tenais le médaillon dans ma poche.

— Mon oncle vous attend.

Je pris le chemin du vaisseau, en répétant : *Je vous aurais confié l'original, et vous l'auriez rendu au bonheur......* O capitaine ! vous connaissez bien les femmes..... Vous avez raison, on néglige trop les femmes ;...... elles peuvent devenir des divinités bienfaisantes.. Oh ! vous avez raison. Nous vîmes beaucoup de monde assemblé ; nous nous approchâmes... Le bourreau désho-norait une femme ;... il la frappait avec des verges... Mon Dieu !... Je détournai la tête ; je doublai le pas : le capitaine était déja sorti.

CHAPITRE XXVII.

Les malles de Henri.

JE m'enfermai ;..... j'avais tant de choses à écrire sur mon journal ! Je tenais toujours le médaillon , je l'ouvris. Comme elle était belle ! quelle figure enchanteresse ! comme une femme perd à se travestir. Je baisai mille fois le portrait:... je n'avais pas osé baiser la main.

Je voulus me mettre à écrire ; je trouvai une lettre sur mon secrétaire. Henri me l'avait écrite pendant que j'étais à causer avec le capitaine ; je portai cette lettre à ma bouche.

« Je remplirai des devoirs bien chers à mon cœur. Je me soumettrai à ce fantôme qui règne si tyranniquement sur les esprits ;... qui force et contraint en despote jusqu'aux affections du cœur : je le laisserai s'évaporer ce fantôme ; et quand sous une autre forme, il aura choisi une autre victime, j'écouterai la voix du véritable honneur. J'attendrai que la passion ait cessé de s'acharner sur mon malheureux ami ; .... j'irai lui consacrer ma vie ; ....., nous laisserons les méprisables restes de la calomnie s'exercer à leur aise... Quoi qu'en dise le capitaine, il est des maux dont nous sommes indirectement et innocemment la cause, mais qu'il n'est pas plus en nous de réparer que de prévenir. Je crois, mon cher monsieur, qu'il est des maux nécessaires sur la terre... N'oubliez jamais que par-tout où vous serez, partout où la Providence me conduira, rien ne pourra vous arracher du cœur de votre Henri. »

Je laissai mon journal ,.... je voulus prendre du repos ;..... j'en avais tant de besoin ! inutilement ;..... je

cherchai à me distraire par la lecture, ... et je lisais sur chaque page
le nom de Henri... Je sortis : on em-
barquait les malheureux que le capitaine devait emmener... Je rentrai le
cœur navré ; . . . . il était ouvert à
toutes sortes d'impressions. Je pensai aux malles de mon Henri ; ... je
les visitai.

***

Dans la première, je trouvai du
linge de toute espèce; une grande
quantité d'habits d'homme et de
femme, des bottes, des souliers, des
bas, un service de table pour six
personnes, des ciseaux , des boëtes
d'épingles, d'aiguilles, de fil, de
soie.

Dans l'autre, du papier à écrire,
des plumes, de l'encre, des fuseaux,
des boëtes de couleurs, des crayons,
du papier à dessiner ; un grand pa-

quet de lettres ; (je les mis à part), cent double louis , ... deux livres de prières , la Bible , un livre d'Évangile ; les œuvres de Richardson, oeux de Bernardin de Saint-Pierre,... Mon bonnet de nuit , . . . un Crucifix. . . O Henri ! . . . . ô capitaine ! si vous étiez ici. . . . . . Un grand rouleau , c'était un tableau à l'huile.

L'espérance, assise sur le rivage de la mer : elle regarde avec attention un vaisseau balloté par des vagues agitées. Sur le milieu , on distingue un beau jeune homme , dont les habits sont en désordre.... Il paraît vouloir se précipiter dans les flots... Des gens de robe, d'épée; des femmes échevelées l'entourent et le retiennent ; d'autres s'empressent autour d'un petit enfant , qui d'une main tient le gouvernail , et de l'autre , montre au jeune homme la femme du rivage; une autre femme voilée protège l'enfant , et le défend contre ces Bacchantes , qui veulent lui arracher le gouvernail : tout-à-fait sur l'arrière , un vieillard et un jeune homme rient , en se montrant l'un à l'autre l'embarras et les efforts inutiles de celui du milieu. Malgré les vents et l'agitation continuelle où est le vaisseau, malgré le danger imminent, on apperçoit sur l'avant , différens groupes entremêlés de femmes ; les uns font bombance, les autres se querellent...

Je ne pouvais cesser d'admirer ce tableau... La femme du rivage était visiblement Henri... Je voyais sur sa figure l'impression de la douleur et de la crainte : elle avait une main étendue vers le vaisseau; de l'autre , elle pressait fortement son cœur ; l'ancre à ses pieds , un petit enfant assis dessus , et se cachant le visage dans ses deux mains.

Le peintre avait épuisé son art , mais il avait lu dans le cœur de Henri.

Était-ce une manière de ramener un inconstant, un infidèle? Je ne pouvais le croire... Etait-ce un tableau d'imagination, ou Henri avait-il fait peindre les scènes qui se passaient sous ses yeux, lors du procès de son ami? Ces différens emblêmes, ces contrastes faisaient éprouver un sentiment profond et mélancolique; il y avait dans ce tableau je ne sais quoi de grand, de solemnel. O Henri! tu méritais un meilleur sort.

Je remis tout dans le même ordre; je ne gardai que les lettres : je devais les lire ; Henri l'avait desiré.

Le capitaine m'avait fait dire qu'il ne viendrait pas. Je pris un verre de vin, et m'enfermai pour lire à mon aise.

(Les papiers étaient attachés en-
semble, en forme de livre.)

PREMIÈRE LETTRE.

Du château de Calmont, le 16 août, 178

MADEMOISELLE,

Vous attachez trop d'importance à une action très-simple, et vous me donneriez une haute idée de moi-même, si je n'étais persuadé que le premier venu en aurait fait autant. J'ai été doublement heureux, puisque vous daignez faire quelque estime de celui que vous nommez votre *sauveur.*

Monsieur le comte vous dira lui-même, mademoiselle, que j'en ai été quitte pour quelques égratignures, encore les dois-je à ma mal-adresse. Dès-lors que j'aurai terminé quelques affaires, je ne manquerai pas de visiter mon nouvel ami. Je n'aurai rien à desirer, si je puis faire agréer mes hommages à son aimable sœur, et obtenir d'elle la permission de lui donner des preuves du profond respect avec lequel, etc. , etc.

Elle avait écrit à la suite de cette lettre : . . .

Mon frère m'a regardée lire, et m'a dit : eh bien, que vous écrit-il ?

Il a lu lui-même.

— Il n'est que poli, mon frère.

— Que voulez-vous qu'il soit de plus ?...

— J'aurais desiré quelques marques d'intérêt plus particulières; il me semble que nous devons aimer ceux pour qui nous avons exposé notre vie....... Est-il vraiment en bonne santé ?

— Il dit vrai, ce ne sont que quelques égratignures ; . . . et je ne sais moi - même comment cela a pu arriver.

(33)

—Quel homme ! quelle intrépidité ! Quand vous l'avez vu , était-il au lit ?

— Il n'est pas blessé, vous dis-je; il se promenait seul dans un petit bois; on m'y a conduit.

— Comment, dans un bois ? et tout seul ? Il vous a bien reçu.

— Très-bien : il m'a fait beaucoup d'amitiés ;... nous avons ri de l'aventure... Il prétend que si j'avais été armé, je n'aurais eu besoin de personne ; mais il était inquiet sur mon bras.

— Il ne vous a pas demandé si j'étais blessée ?

— Ma sœur, vous m'étonnez.....

— Mon frère, votre réponse est plaisante : au reste, comment va votre bras ?

— Très-bien , ma sœur. Nous partirons pour Paris dans quelques jours,... n'est-ce pas ?

— Mon Dieu ! quand il vous plaira....

B..

Mon frère m'a quittée. J'étais fâchée contre mon frère. J'ai pleuré; je me suis mise à mon clavecin;..... j'ai lu;... je me suis ennuyée; j'ai descendu au jardin, il faisait trop chaud. Rosette a été grondée; elle querellait le valet-de-chambre de mon frère. J'ai dîné seule dans ma chambre. Mon frère ne m'a rien dit; il ne m'a pas priée de descendre.

Nous avons eu une visite, M.lle de Saint-Leu et son frère. Mon frère m'avait engagée à raconter le plus simplement possible, à éviter même, autant que cela se pourrait, de parler de notre aventure... Mon frère a causé avec Saint-Leu :... j'ai resté avec sa sœur.

— Je suis encore tremblante, ma chère Henriette. Dites-moi donc : connaissiez-vous ces scélérats ?...... connaissiez-vous le chevalier de Bellemare ?

— Non.

— On en dit beaucoup de bien. Saint-Leu le connaît;.. ils ont étudié ensemble. . . Il dit que c'est un modèle d'amabilité....... Savez-vous qu'il est très-riche ?,...

— Je sais que nous lui devons beaucoup.

— J'aurais bien envie de le voir... Est-il grand ?.... Quelle figure a-t-il ?

— En vérité.... je ne saurais vous dire..... J'étais sans connaissance quand il me remit entre les mains de nos gens ;.... je ne l'ai pas vu.

—Comment ! le bruit des pistolets ne vous a pas rendue à vous-même ! il vous a portée assez loin pourtant,... et le mouvement... Il est vrai : vous deviez être effrayée..... si jeune....... Il n'est pas encore venu ?.

— Non, pas encore......

— Oh ! il viendra, ma chère, il viendra ; mon frère dit qu'il est extrêmement galant ; qu'il est d'une

politesse.... Je voudrais bien le connaître....... Si vous savez un jour
d'avance, faites - moi avertir, ma
chère Henriette.

— Si je suis prévenue moi-même
je vous ferai avertir.

Mlle de Saint-Leu avoit encore
quelques visites à faire, elle m'a quittée. J'ai remonté à ma chambre.....
Cette demoiselle est singulière ; elle
est venue savoir des nouvelles du
chevalier de Bellemare, et ne m'a pas
dit un mot de moi. Que lui importe
le chevalier ? C'est pourtant une
excellente demoiselle; il est assez
naturel de desirer de connaître un
homme qui agit si noblement.

Elle avait attaché plusieurs feueil-
les de papier à cette lettre.

« Il est cinq heures du matin. Je ne
saurais dormir. J'ai lu encore la lettre
de notre *sauveur.* Comme les hommes
sont ! Il ne s'informe seulement pas
de ma santé ;... je suis sans connais-

sance ;... il me prend dans ses bras ;
il me transporte une demi - lieue,
me dépose au château. Mon frère et
lui m'abandonnent à mes gens : il se
rassure sur l'état de mon frère, et
disparaît. . . . Mon frère le visite,
lui témoigne la plus vive reconnaissance.... oh ! j'en suis sûre :... je lui
écris moi-même ;... ma lettre était ce
qu'elle devait être ; mon frère l'a
lue:... il me répond des complimens;..
il ne témoigne pas même la plus
petite inquiétude sur mon état... Oh !
les hommes sont singuliers.

Huit heures du matin.

Mon frère est parti pour faire sa
déposition : je resterai seule ;.... je
m'ennuierai.

Je devrais aller voir ma tante : ...
je m'ennuierai plus encore;... je souf-
frirai. Il faudra répondre à mille questions;... elle ne finira pas, ma bonne
tante. — Voilà ce que c'est, ma

chère nièce,... mon neveu n'a jamais voulu me croire... On reçoit chez soi toutes sortes de personnes ; . . . des philosophes,.. des étourdis, des libertins... Ah ! mon neveu, ce n'est pas ainsi qu'on élève une jeune fille.

— Mais, ma tante, nous ne connaissions pas ces scélérats.

— Eh ! ma chère nièce, ces scélérats ne travaillaient pas pour eux... Il est clair que c'était à vous qu'on en voulait : ... ne vous enlevait-on pas ?... Tout cela ne venait que de vos sociétés,... que de l'espèce d'éducation qu'on vous a donnée.

—Ma tante voudrait-elle que mon frère m'eût élevée comme........ ...

— Comment,.... Henriette, comment ? Achevez, ma chère enfant ; mon Dieu ! achevez, je vous écoute : dites ,..... ne vous gênez pas.....

— Ma chère tante, je n'avais pas l'intention......

— Cela n'arrivera pas à ma Julie:....
c'est comme cela qu'il faut être. ....
Mon neveu est un excellent homme,...
un homme d'honneur..... Hélas ! il
ressemble en tout à feu mon mari;...
mais encore une fois, il n'entend rien
à élever une jeune fille. Vous avez ,
ma chère nièce, la tête pleine de
romans, de philosophie, d'histoires..
Je ne sais rien de tout cela, moi; je
me porte pourtant très-bien, grâces
à Dieu.... J'ai élevé ma Julie d'une
manière ,... ma nièce ,.... ma nièce...

Encore s'il venait quelqu'un. .. ..
Non, non, je n'irai pas chez ma
tante :... je lirai,... j'irai au jardin,...
je m'ennuierai toute seule... Madame
Deslandes, ma bonne M.me Deslandes
viendra peut-être. Il est midi ; je n'ai
vu personne.

Pourquoi m'enlever ? On ne voulait pas tuer mon frère : il est probable qu'on ne voulait que l'empêcher de me défendre : qui peut avoir

donné cet ordre ? mon frère se tait. Je ne sais ,... mais j'ai honte depuis trois jours ; je n'oserais l'interroger : .... il y a dans tout cela un mystère ; et le chevalier, dont je n'ai point entendu parler, d'où venait-il? par quel hasard ? Je brûle de savoir tout cela.... Rosette , ... je n'ose ,... je crains aussi de l'interroger : .. . ... mon frère m'a dit qu'il ne faut jamais se compromettre avec ses domestiques;... cependant, cela n'est pas se compromettre...

C'est une plaisante fille que cette Rosette...

— Comment, mademoiselle, vous n'avez pas vu M. le chevalier de Bellemare? cela est inconcevable. Il vous apportait avec tant de soin ! Une mère n'en n'aurait pas fait plus avec son enfant... ... Vous êtes bien faite, bien délicate, mademoiselle ; malgré cela , une demi-lieue, c'est loin ; mais aussi quel homme ! ma foi, c'est bien le plus bel homme qu'il y ait en France.

— Rosette, vous aurez bientôt fini ?

— Comment, mademoiselle !

— Qui vous a demandé tout cela?

— Excusez-moi, mademoiselle, j'ai cru;... ah ! je sais... Il vous remit entre nos bras, avec une attention, avec une douceur..... Il vous fixa quelques momens, pendant que nous nous empressions autour de vous, M.me Hamel et moi ; ensuite il aida à monsieur le comte à ôter son habit; Saint-Louis était sorti. M.me Hamel dit qu'ils parlèrent un moment ensemble, qu'ils s'embrassèrent en pleurant. Monsieur le comte avait ramené le cheval par la bride ; le chevalier monta dessus et s'en alla.

— Il est singulier, Rosette, que vous ne veuillez pas m'obéir ; je vous demande si vous ne savez pas pourquoi l'on voulait m'enlever ; ce que l'on voulait faire de moi, par quel ordre enfin ?...

— Ma foi, mademoiselle, ces gens-là ne diront pas leur secret. Il y en a deux de tués , le troisième s'est échappé... Si quelqu'un les a payés, ce quelqu'un-là n'ira pas s'en vanter..... Ce que l'on voulait faire de vous ?... ça ne se dit pas , cela... On sait bien ce qu'on peut faire d'une jeune et jolie demoiselle... Et puis, on ne m'a pas encore enlevée, moi;.. aussi je ne suis pas si jolie que vous... Quand on enlève quelqu'un , il me semble que c'est parce qu'on est sûr que ce quelqu'un ne voudra pas aller de lui-même. Saint-Louis dit que ce n'est pas une plaisanterie ;.... que monsieur le comte n'en restera pas là; que c'est abominable... M. Blondel ne dit rien ; il hausse les épaules, mais il est souvent seul avec monsieur dans son cabinet....

Mon frère a raison, il ne faut pas

se compromettre avec ses domestiques. Vous savez rarement ce que
vous voulez savoir, et souvent ce
que vous voudriez ignorer.

Minuit sonne.

Mon frère était arrivé heureusement. Le chevalier est venu demander à dîner ; il voulait nous prier de
faire une déposition de vive voix...
Il arrivait lui-même de la ville : j'irai
ce matin avec mon frère.

Il m'a paru triste, . . . mélancolique : . . . il est très-poli. J'avais la
figure enflammée ; . . . . j'étais honteuse : . . . je ne sais trop ce que j'ai
répondu à ses civilités ;... j'ai monté
à ma chambre, j'ai rajusté ma coîffure ; . . . . . j'avais l'air d'une..... J'ai
pleuré de colère ;... j'ai touché une
romance de Paësiello ; mon clavecin
était discord ;... j'ai encore examiné
ma coîffure : . . . Rosette ne savait
ce qu'elle faisait ; . . . Rosette a tout

oublié;... la tête lui a tourné. Mon
frère m'a fait dire qu'on avait servi;...
j'ai tremblé, j'ai marché :... je ne me
connaissais plus.

Il a eu pour moi beaucoup d'atten-
tions ; . . . il parle bien... Le son de
sa voix est doux, sonore. Mon frère
et lui ont beaucoup raisonné sur la
musique, la peinture, sur la litté-
rature..... J'étais plus à mon aise ;
je l'écoutais avec plaisir... En général, il fait peu de cas des romans;
mais il en excepte les anglais, et sur-
tout ceux de Richardson ; il les
regarde comme des chefs-d'œuvre
dans ce genre... J'étais honteuse ;
je ne les ai pas lus.

Il pense que l'histoire a quelque
chose de rebutant ; qu'elle n'est tout
au plus utile qu'à très-peu de personnes ; mais que la masse devrait
entièrement l'ignorer ; ... mon frère
est de son avis.

Il dit que si l'on en excepte quel-

ques individus que leur état force à
voyager, il serait à desirer que chacun restât paisiblement dans ses
foyers. Mon frère est encore de son
opinion.

Il n'a que vingt ans.

Au sortir de table, il s'est appro-
ché de moi, il s'est assis, ... mais il
gardait le silence ; . . . j'étais gênée.
J'ai cru m'appercevoir qu'il était
plus triste qu'avant le dîner : mon
frère se promenait dans la salle ; je
me suis hasardée à lui parler.

Vous paraissez affecté, monsieur ;
serait-ce une suite de cette malheureuse affaire ?

— Si cela était, mademoiselle,
l'intérêt que vous daignez prendre
à moi, serait plus que suffisant pour
me la faire oublier ; . . . . je veux au
contraire me la rappeler souvent et
avec plaisir.

— Je le crois ; ... on n'oublie pas

volontiers une action où l'on s'est montré si noblement.

— Ce ne serait pas pour cela : il n'y a pas un grand effort à châtier des scélérats.

— Il doit y en avoir au moins à exposer sa vie.

— On ne calcule pas le danger ; on s'y précipite, sur-tout lorsqu'il s'agit...

Voulez - vous voir mon jardin, chevalier ? Il est assez bien tenu..... Venez avec nous, ma sœur ?

Mon frère est étonnant ;... il est singulier que je ne puisse plus parler. Mon frère veut me dominer ; il n'est pas deux jours de suite le même. Il m'a vingt fois grondée sur ma taciturnité, et à présent, il ne veut plus me laisser parler...

Je les ai rejoints au jardin.

On lui a fait remarquer des fleurs rares et superbes.

— J'admire la nature ; ... la végétation étonne. Lorsqu'on l'examine avec attention, c'est une espèce de miracle journalier ;... mais je n'aime pas les fleurs par choix ; elles passent trop vîte : le même jour les voit naître et flétrir.

L'idée n'est pas neuve, mais elle m'a plu.

— Tout passe dans la nature, monsieur le chevalier ; la différence n'est que de quelques instans de plus ou de moins.

L'idée était triste : mon frère n'est pas gai depuis quelques jours.

— Je ne blâme le goût de personne, monsieur le comte ; mais tout ce qui me fait ressouvenir de l'instabilité des choses humaines, m'attriste, me concentre ; et dès-lors, l'ennui, le dégoût, empoisonnent tout ce que nous appelons plaisirs ; je ne suis pourtant pas le partisan de l'éclat, du bruyant.

— Cela tient plus au tempérament,

à l'organisation, qu'à la nature des choses. Non-seulement une fleur, mais encore le premier objet quelconque, vous feraient éprouver le même sentiment,... et tous les objets ne flattent pas doublement les sens.

— Il est vrai ; . . . mais de deux choses de pur agrément, je préférerai toujours celle qui, après la jouissance, après la réflexion même, aura laissé une légère, une agréable image au fond de mon cœur ; celle qui me fera rêver, sans me faire soupirer.

Au reste, c'est peut-être un défaut. Nous devons à notre éducation une infinité de faiblesses dans ce genre ; et pourtant nous y tenons de toutes les forces de notre ame. . . . . . Vous aimez les fleurs, mademoiselle ?

— Pas toutes indifféremment ; je préfère celles dont l'odeur est douce.

— Comme ce ruisseau est clair ! quel charmant cailloutage ! .... quel émail ! Voyez ces petits flots, comme ils se succèdent en murmurant ! comme ces cascades se précipitent avec un agréable fracas ! ... J'entends le murmure des autres, je le sens se perdre dans le lointain..... Regardez cette masse d'eau entourer cette grosse pierre; comme elle la presse de son côté ! comme elle s'enfle ! La pierre est inébranlable sur ses fondemens, et l'eau s'échappe à travers mille issues, et fuit en écumant. Et ces touffes de jeunes arbres, et ces monticules !... Cet endroit, cette verdure, ce ruisseau,... ces lieux sont enchanteurs !

— Je l'aime beaucoup. Ma sœur et moi, nous y passons d'agréables momens : nous pêchons dans ce ruisseau, il est très-poissonneux. Je l'ai divisé en plusieurs canaux ; les eaux sont si abondantes, si pures. Nous avons chacun notre île. Ma sœur a nommé la sienne l'île des

oiseaux... et la mienne Augustule ;
c'est le diminutif de mon nom.

— Allons aux ... oiseaux, si mademoiselle le permet.

Le chevalier a une manière à lui
de présenter les objets. Mon frère
doit encore plus aimer son ruisseau
favori.

Nous avons parcouru l'île des oiseaux. Il a tout admiré. Ma grotte,
que j'aime tant, dont j'ai moi-même
donné le dessin, lui plaît beaucoup.
« L'idée, dit-il, est très-bien conçue ;..
une délicate et noble simplicité n'est
pas à la portée de tout le monde,
M. le comte ; on imagine beaucoup,
on exécute à grands frais ,... et l'on
cherche son ouvrage. »

— Ceci ne me regarde pas, M. le
chevalier ; Henriette en a été l'archi-
tecte.

Aimable et bon Auguste, je ne suis
plus étonné que tu sois aimé , chéri

de tout le monde ;.... j'ai rougi ,
pourtant.

Il a lu quelques vers que j'avais
gravés sur la muraille ; il a demandé
la permission d'en écrire deux...

Mon frère m'a fait remarquer un
tableau que l'humidité avait gâté, et
il a sorti...,.

Ah ! mon frère ,...,... il y a des
momens !... il a bien fallu le suivre.

Nous avons visité Augustule. Le
chevalier y a trouvé moins d'ombre...
Le gazon est beau, mais si uniforme !
les arbres sont encore jeunes;... dans
quelques années , ce sera un charmant islot.

Nous sommes rentrés; ma tante et
ma cousine arrivaient. Elle a beaucoup questionné mon frère qui lui
a présenté son ami : ce mot m'a fait
un plaisir !... Le chevalier a reçu les
complimens les plus flatteurs de la
part de ma tante.

Ma cousine était mal habillée; elle

avait un air gêné, et étourdi en même temps ; ... elle loue mal.

Ma tante a déclaré qu'elle souperait et coucherait au château.

Les demoiselles Desgrieux sont arrivées avec leur père : pendant les complimens, le chevalier a parlé à l'oreille de mon frère ;... je les regardais,... le chevalier riait ; il m'a vue, et a cessé : ... ma tante s'est mise au jeu avec M. Desgrieux. Ces demoiselles sont allées courir au jardin :... tout le monde m'ennuyait ; j'ai remonté à ma chambre,... j'ai écrit,.. je les ai entendues : il a fallu les suivre, et faire semblant de rire. Mon frère et le chevalier se promenaient au jardin. La jeune Desgrieux, Rosalie, s'est donnée beaucoup de peine pour paraître agréable ; .... l'aînée a prétendu que le chevalier avait un air étranger, qu'il ressemblait assez bien à un Anglais,

— L'avez-vous invité, ma chère amie ?

— Moi !

— Vous, ou votre frère ?

— Je n'en sais rien : il est venu pour affaire, pour nous prier de faire notre déposition de vive voix.

— Oh ! ces messieurs, lorsqu'ils rendent le plus petit service, savent bien s'en prévaloir ; vous le verrez ici plus souvent que vous ne voudrez.

Rosalie a dit : mon Dieu ! on se récrie sur sa prestance, sur son air ; le comte est infiniment mieux.

Ils étaient auprès de nous.

Comte, rendons hommages aux trois grâces ; votre sentiment signifie beaucoup sûrement, mais il faut sacrifier aux grâces ; les dames ont le tact plus fin, plus délicat que nous.

— Je veux bien m'en rapporter au jugement de ces demoiselles. Jugeznous donc , puisque monsieur le chevalier le veut. . . . . Voici le fait.

Il a connu , dans ses voyages, un vieillard , père de trois enfans , dans la force de l'âge. Aucun n'avait un état particulier : ils avaient vécu jus-qu'alors du revenu d'une petite mé-tairie qu'ils cultivaient ensemble. Au lit de mort, le père leur dit : mes enfans , je vais mourir. La métairie ne suffira plus : je la donne en en-tier , comme j'en ai le droit , à celui de vous qui m'aura le plus aimé. Je vous ordonne de jurer que vous exé-cuterez ma dernière volonté. Ils jurèrent tous trois, et le vieillard mourut.

Les frères procédèrent à l'exécu-tion de leur promesse. L'aîné dit : je suis le plus âgé ; j'ai conséquem-ment témoigné plus d'attachement à notre bon père , que chacun de vous en particulier , et la métairie m'ap-partient.

Le second répondit, que leur père, n'avait pas dit qu'il donnait son bien à celui qui l'aurait le plus long-temps aimé ; mais à celui qui l'aurait le plus aimé. L'aîné soutenait que c'était exactement la même chose. Le plus jeune ne répondit rien, haussa les épaules, et s'engagea chez un voisin pour gagner sa subsistance.

L'aîné, ne pouvant persuader son second frère, l'attaqua en justice et plaida. Celui-ci se défend encore. Voici ce dont il s'agit, mesdemoiselles.

Le chevalier a dit : allons aux voix. La plus âgée doit commencer, comme de raison. Les juges doivent être embarrassés, a dit Mlle Desgrieux. Il est difficile de lire dans le cœur des deux frères. Je juge, moi, en faveur de l'aîné.

Je ne vois pas pourquoi ma sœur déshérite le second. L'aîné ne mérite pas le bien, puisqu'il fait un procès à son frère.

C'est votre dernier mot, mademoiselle ?

Oui, monsieur le chevalier, c'est
mon dernier mot.

Et vous, charmante Henriette ?...

Mon cœur battait.... Il est libre,
monsieur le chevalier.

Vous ne répondez rien ?

Je pense comme le plus jeune des
trois ; plaidez, messieurs : je vais,
en attendant, gagner de l'argent
pour acheter la métairie ; car il faudra bien la vendre pour payer la justice. Mesdemoiselles, allons nous-en ;
ces messieurs veulent s'amuser.

Le chevalier a dit : eh bien, mon
cher comte ?

— Henriette, comment trouvez-
vous cela ? Il est unique, monsieur le
chevalier, avec ces questions. On appelle cela un homme charmant, in-
comparable, un modèle... Ha ! ha !
ha ! ha ! ha !... Il revient de l'Uni-

versité, je crois; il sort de dessus les bancs.

Laisse-le donc, ma sœur, a dit Rosalie; il a rendu service à notre Henriette; il est brave au moins.

— Il a fait un grand effort : deux pistolets contre un sabre. . . . Je ne suis qu'une femme, et j'en aurais fait autant.

Mon frère a rentré aussitôt que nous.

Il était parti;... mon frère l'a excusé... Sa tante lui avait envoyé un billet; il devait se rendre auprès d'elle, dans l'instant même.

Comme s'il fallait beaucoup de temps pour prendre congé... Oh ! les hommes ne ressemblent qu'à eux.

Ma tante l'a trouvé accompli. Ma cousine a dit qu'il avait une figure céleste...

— Julie, ma fille, une jeune demoiselle ne doit jamais s'appercevoir de cela, encore moins le dire.

G.

Ma pauvre cousine a rougi.

La remarque de ma tante était judicieuse ; ma cousine a eu tort d'avoir des yeux ,... mais elle aurait dû se taire ;... voilà sa faute :.... ma tante est unique.

M. Desgrieux a remarqué que la baronne laissait au chevalier de Bellemare cinquante mille livres de rente ;... qu'elle voulait le marier,... mais qu'il en était très-éloigné ; ... que c'était un homme à caractère. Il n'y avait pas dix jours qu'il était revenu de ses voyages , et son refus chagrinait beaucoup sa tante.

Pourquoi cette aversion pour le mariage ? Rosalie a observé que ces modernes chevaliers, moitié héros , moitié philosophes, ne pouvaient jamais être de bons maris ;.... que s'ils se faisaient moines, on n'y perdrait encore rien.

M.lle Desgrieux a dit d'un ton grave et modéré ;... il peut avoir ses raisons ; . . . . il n'ira pas sûrement raconter à sa tante l'histoire de ses voyages. Je doute qu'ils soient bien intéressans ; il a l'air froid, insouciant ; peut-être aussi a - t -il quelques reprochés à se faire...

Dites-moi, mon neveu, où était votre esprit, lorsque vous allâtes promener seul avec votre sœur, sans domestiques ?...

J'étais derrière ma tante ; pour faire cesser ses questions, je lui ai fait remarquer qu'elle montrait son jeu.

— Eh ! vous avez raison ; merci, ma chère nièce. En vérité, M. Desgrieux, vous n'aurez pas de peine à gagner...

— Je vous jure, madame...

— Allons, allons, monsieur, cela n'est pas juste...

— Vous pouvez m'en croire sur ma parole.

— Jouez, jouez, monsieur ; vous

n'aurez pas tout vu. Mais, maman, a dit la pauvre Julie, il pourra deviner.

— Julie, je vous admire; en vérité, ma fille, vous me prenez pour une imbécille, pour une...

Ma tante, monsieur a perdu.

— Oui....

O mon Dieu ! oui.

— Eh ! mais, vous avez raison, il a perdu.

Je me suis ennuyée. Rosalie me révoltait ;... Rosalie est extrêmement laide,... je ne m'en étais pas encore apperçue : . . . sa sœur me déplaît avec son souris forcé, ses remarques, ses soupçons sur la conduite du chevalier ;... ma pauvre cousine me faisait de la peine.

Dix heures du matin.

Les nuits d'été sont insupportables ;... on ne saurait reposer. J'ai sorti à six heures ; j'ai parcouru le

jardin, les fleurs étaient humides :
il a raison, j'en ai remarqué de flé-
tries ; hier elles étaient brillantes...
J'ai été aux oiseaux ;... je n'ai rien
trouvé : on a effacé les vers. Qui a
osé gratter cette pierre ? .... Je suis
indignée....

Ma déposition est faite... Le pro-
cureur du roi paraît étonné de tant
d'audace... On ne sait qui soupçonner ;... on fera des recherches : on a
trouvé deux pistolets dans la poche
de celui qui avait un sabre... Il voulait donc tuer ?

On craint que le chevalier de Bellemare ne soit inquiété. Mon frère ne
saurait écrire ; Blondel est absent :
il faut envoyer à Paris plusieurs
copies de notre déposition : mon
frère m'a priée d'en écrire deux ou
trois. Dictez, mon cher Auguste,
dictez ; plus il y a de personnes qui

racontent un fait, plus il est altéré ;
vous avez raison.

Le 14 du mois d'août 178..., à
six heures du soir, je sortis du château de Rauville, avec ma sœur,
pour promener aux environs. Nous
marchâmes le long d'une grande
allée , laquelle partage un bois taillis
qui m'appartient. Au bout de cette
allée , est un chemin de traverse.
Nous étions assis sur le bord de ce
chemin, et nous causions paisiblement, ma sœur et moi, lorsque je
vis sortir trois hommes : ils vinrent
à nous, je ne les connaissais pas. Un
des trois, en habit de chasse, me
demanda si je ne me nommais pas le
comte de Sauville ; je lui répondis
affirmativement. Alors il me pria de
m'écarter un peu ; il avait, dit-il ,
quelque chose à me communiquer.
Je le fixai sans lui répondre ; sa figure
annonçait quelque dessein... Je crus
reconnaître un des deux autres ; je

me rappelai effectivement de l'avoir vu quelques mois auparavant chez le duc de *** ; il était alors son chasseur. Je dis à celui qui m'avait adressé la parole, qu'il pouvait parler, ou venir au château s'il avait quelque chose de particulier à me dire, qu'il était inutile de nous écarter. Je me levai en donnant le bras à ma sœur, et je m'en retournais ; ils marchaient derrière nous : nous n'avions pas fait vingt pas, que je reçus un coup de plat de sabre sur le bras. . . . Le coup fut si violent, que je portai rapidement la main gauche sur mon bras droit ; je n'eus que le temps de sauter en avant, et de chercher à me défendre avec ma canne, malgré la douleur aiguë que je ressentais.

Les deux autres enlevaient ma sœur qui avait poussé un cri, et était sans connaissance... Je courus à elle, mais le premier de ces scélérats me poursuivait vivement. Nos armes n'étaient pas égales... J'appelais du secours de toutes mes forces : . . . je parais avec peine les coups qu'il voulait me porter ; enfin , je vis voler ma canne en deux ,... et je ne sais ce qu'il en serait arrivé. Je fuyais du côté de ma sœur, cherchant des yeux un bâton , des pierres ,... lorsqu'un homme à cheval débouche une autre allée du bois. Il avait entendu mes cris ; brûle la cervelle de celui qui me poursuivait , et court au galop après les autres qui étaient déja assez éloignés. Il en étendit un par terre ; l'autre abandonne ma sœur et s'enfonce dans le bois.

J'arrivai essoufflé, haletant, rendu de fatigues , et souffrant horriblement de mon bras. Notre sauveur se nomma ; c'était M. le chevalier de Bellemare. Ma sœur était toujours sans connaissance ; il l'emporta dans ses bras jusqu'à mon château. Le sabre et deux pistolets qu'on a trouvés dans la poche de celui qui me poursuivait, sont déposés au greffe.

Je soussigné, atteste l'exacte vérité de ce récit, et particulièrement je jure avoir vu chez M. le duc de ***, celui des scélérats qui s'est échappé. Je ne nomme le seigneur que pour avoir des renseignemens. L. C...

Quatre heures après midi.

Je suis seule, mon frère est à quelques lieues d'ici. Mme Deslandes ne vient point, elle m'abandonne ; et voici une lettre du chevalier de Bellemare. Le domestique attend la réponse ;.... il est pressé. Mon frère ne m'a jamais rien caché ;.... il m'a priée plusieurs fois de lire ses lettres en son absence ;... je n'ose ouvrir celle-ci ;... je tremble : .... mon cœur me dit de ne pas la décacheter ;... si pourtant il y avait quelque chose de conséquence.....

« Le vieux scélérat est puissant,

mon cher comte : il se vengera, n'en doutez pas ;... il craindra d'être compromis ;... il tentera tout au monde pour se mettre à couvert... Le coupejarret que vous avez reconnu, se sera sauvé chez lui ;... il le tiendra caché ;... peut-être disparaîtra-t-il pour jamais. De quoi n'est pas capable un homme dévoré des passions les plus honteuses !

» Son fils était hier au château avec deux jeunes officiers de ses parens :... il me parut morne, distrait. Ma bonne, ma respectable tante parla beaucoup du danger que vous aviez couru, vous et votre aimable sœur. Je le fixais sans affectation, et je lisais dans ses yeux la part qu'il y prenait... Je l'ai pénétré ; le père et le fils sont également coupables, mais également dissimulés. Je ne me serais peut-être apperçu de rien si vous ne m'aviez prévenu... Il faut convenir, me dit-il, que vous vous êtes trouvé là bien à-propos... Je voulais aller visiter Sauville, mais on dit qu'il ne voit personne. Quelle excuse ! quelle fourberie !

» Au nom de Dieu, mon cher comte, partez pour Paris le plutôt possible ;... n'exposez pas notre ange à un nouveau malheur....... Je pars demain, moi ; si vous le voulez, je vous accompagnerai de près ou de loin, comme cela vous plaira :... je vous avoue que je n'aurai pas une minute de repos, que je ne sache mon Angélique-Henriette en sûreté. »

Je ne pouvais plus lire ;..... un nuage était devant mes yeux. Ces hommes sont singuliers ; *notre ange*, dit-il ; puis *son Angélique-Henriette*, *notre*, *son* ; en vérité, je ne croyais pas appartenir à tant de monde ; les hommes sont tout-à-fait singuliers...

Mon Dieu, que signifie, ce vieux scélérat ?... De qui le chevalier veut il parler ?... Quel mystère !... Ah ! mon frère, vous ne me dites pas tout... Je suis tourmentée ; une inquiétude sourde ,... un sinistre pressentiment... J'ai continué...

« Le valet du fermier de ma tante est de retour ; il a déclaré qu'il avait vu une voiture attelée de quatre chevaux , avec une femme dedans ; qu'il était trop loin pour la distinguer ; que la voiture était verte , (vous n'en avez pas de cette couleur) ; c'était une demi-heure avant qu'il eût entendu les coups de pistolets.

» Répondez-moi sur-le-champ ,... je m'arrangerai en conséquence. Ma tante me charge de vous dire mille choses honnêtes ;.... elle tremble encore pour sa Henriette ; elle ne veut pas que vous veniez aucun des deux..... »

J'ai copié cette lettre : ... quand mon frère est arrivé, je la lui ai remise ; il a donné sa réponse au domestique.

J'aurais bien desiré pour vous, ma chère Henriette, que vous n'eussiez pas lu cette lettre : je ne vous le reproche pas ; il était naturel que vous agissiez ainsi. . . . L'heure des chagrins a sonné ; chère et innocente sœur, il est inutile de vous cacher rien davantage... Ah ! j'aurais donné la moitié de mon sang pour retarder au moins le moment où vous devez cesser d'être heureuse ; . . . hélas ! vous ne l'êtes plus...

Je tenais ce frère chéri dans mes bras ;... je pleurais sur son sein ; . . . je n'étois plus heureuse. Mon frère m'a posée doucement sur mon canapé. Il a marché fort agité dans ma chambre...

Henriette, ma chère Henriette, ne vous désolez pas ; peut-être trouverons-nous des moyens de consolation : je vois peut-être mal.

Mme Deslandes était en bas ; mon frère m'a priée de le laisser lui parler un moment, et m'a promis de me l'envoyer.

O mon Dieu ! que signifie ce que j'éprouve ? J'ai écrit beaucoup ,... et Mme Deslandes ne montait pas ;... j'étais pâle, faible ;... Rosette m'a donné des gouttes....... Ah ! l'heure des chagrins a sonné.

J'ai continué d'écrire; je ne puis faire rien autre chose ; quand j'écris, je me sens soulagée...

J'ai envoyé Rosette chercher Mme Deslandes ;... elle était encore avec mon frère dans son cabinet. Il avait ordonné de tout préparer pour partir demain le matin.

J'entends Mme Deslandes.

O ma bonne ! ô ma chère maman!... Je sanglottais , ... j'étouffais : ... elle m'a pressée dans ses bras , la bonne Mme Deslandes.

Votre frère , mon aimable enfant, m'a chargée de vous consoler , en vous donnant, dit-il, d'autres sujets de chagrin.

Tous les hommes ne se ressemblent pas plus de cœur que de la figure;... si vous les jugiez d'après votre frère, vous seriez cruellement trompée... Vous connaissez le vieux duc de ***; il est puissant et riche, enflé de son crédit, de son rang et de son nom qu'il déshonore ; c'est un homme sans ame, abandonné aux penchans les plus révoltans, les plus infâmes;... il est trop vieux pour se remarier , et son fils, dont il est idolâtre, ne le lui permettrait pas. Comme ils sont tous deux capables de tout, le vieillard craint que son fils ne lui joue quelque tour : l'avarice est la première passion de celui-ci.

Il y a quelques mois que le duc fit sonder votre frère sur ses desseins , par rapport à votre établissement; il vous fit demander en mariage d'une manière indirecte : monsieur le comte

qui le connaît à fond et qui le méprise, répondit que de long-temps il
ne songerait à vous marier ; que vous
n'étiez encore qu'une enfant. Quelques temps après, il revint à la
charge et proposa son fils, mais toujours d'une manière indirecte. Ce
plan révolta encore plus votre frère,
puisque, supposé qu'ont eût été
forcé de vous marier à l'un des deux,
vous auriez encore été plus malheureuse avec le fils. Cependant ils
vous voyaient quelquesfois chez la
baronne, chez votre tante, et votre
présence ne faisait qu'augmenter
leurs desirs...

Le comte a ses raisons pour croire
que c'est le duc lui-même qui avait
suborné ces trois malheureux pour
vous faire enlever... Il est averti secrètement que le père et le fils sou-
lèvent par-dessous main les familles
des deux tués par M. de Bellemare ;
qu'ils leur fournissent indirectement

toutes sortes de moyens pour se venger. Il est persuadé aussi que le troisième ne paraîtra plus ; voilà ce qui le désole.

Il faut aussi, mon cher amour, vous ouvrir les yeux sur un autre danger. Le chevalier de Bellemare vous aime, et vous l'aimez.

Ma chère madame ! ma chère maman !

Oui, mon ange, oui, vous l'aimez;.. vous ne connaissez pas vous-même votre cœur...

J'avois le visage en feu; mes larmes me brûlaient... J'ai caché ma tête dans le sein de madame Deslandes.

Hé bien ! a continué cette véritable mère ,... que veut dire cette honte ?... Vous ne pouviez faire un choix plus digne de vous. Votre frère l'approuve beaucoup ... mais il prévoit des malheurs, il sait ce dont le duc est capable........

O maman ! est-il bien vrai ?

2.   D

Le comte n'en doute nullement...
Il est si puissant ! il a tant de moyens!
Il faut des preuves ; nous n'avons
que des soupçons, des indices ; mais
ce ne sont pas des preuves pour les
juges. Voilà deux hommes tués, le
troisième a disparu ; la justice ne
saurait s'en rapporter à la déposition de M. de Bellemare, ni à la
vôtre ; les parens de ces gens-là ne
s'en contenteront pas, ils ne vou-
dront pas paraître convenir qu'ils
ont eu des scélérats dans leurs familles. On saura bien les animer,
les aigrir ; ils ne manqueront pas de
moyens, et les accusateurs seront
soupçonnés. Celui qui s'est enfui pouvait seul faire connaître l'innocence;
mais votre frère désespère entièrement de le retrouver ; ceux qui l'auront employé ont déja pris leurs
mesures pour qu'il ne tombe pas
entre les mains de la justice. Malgré
notre conviction intime de la part

que le duc a à cet attentat, il serait aussi très-dangereux de l'attaquer directement ; Dieu sait alors quelles en seraient les suites.

O mon Dieu !.... mon frère a dit la vérité, ... l'heure des chagrins a sonné... O ma bonne maman !

La chère dame a pleuré avec moi ; elle m'a consolée ; elle ne me quittera plus ; elle reviendra ce soir.

Je suis tremblante, agitée. . . . . . Votre nom seul me trouble, ô Bellemare ! il me fait palpiter : ne pourrai-je donc plus vous nommer sans rougir ?...

Oui, mon ange, vous l'aimez, a dit Mme Deslandes ; le chevalier de Bellemare vous aime, et vous l'aimez.... Chère maman, vous pouvez connaître mon cœur mieux que moi-même ;... mais comment connaissez-vous celui de Bellemare ?

Mon frère ne me l'a pas dit ;... bon frère ! aimable frère ! non, il ne me l'a pas dit. . . . . , Pauvre Henriette ! l'heure des chagrins a sonné pour toi.

Elle avait fini là son premier cahier.

CHAPITRE XXVIII.

Le Déporté.

Je détaillai au capitaine le contenu des malles de Henri. Il vit le tableau; je lui fis lire quelques pages du cahier, et lui racontai en somme ce que j'en savais.

Vers le soir, M. de Ville amena le jeune homme avec lui. C'était un de ces êtres dont l'aspect surprend, en impose et plaît. Son air était noble et réservé ; son regard avait quelque chose de fier , de doux et de spirituel ; l'ensemble de ses traits d'une beauté mâle : je reconnus sur-le-champ le beau jeune homme du tableau ; je ne pus m'empêcher d'approuver tacitement le goût de mon Henri , au moins pour les dehors ; il me restait à connaître son cœur, son

esprit et le récit détaillé de ses malheurs. Le capitaine nous le présenta,
et après quelques complimens réci-
proques, M. de Ville le conduisit
dans sa chambre; elle était à côté de
la mienne, je l'y suivis. Nous cau-
sâmes un moment ensemble, et le
capitaine, qui avait eu le temps de
voir M. de Ville un moment en particulier, vint nous trouver.

Vous êtes au fait des ordres que
j'ai reçus, lui dit M. de Kerbonne;
il ne tiendra pas à moi, monsieur,
que vous n'ayez à vous louer de votre
sort, au moins pendant la traversée.
Nous ne sommes que trois ici qui
connaissions la cause de votre voyage;
il est probable que le reste de l'équipage l'ignorera long-temps. J'ai reçu
une somme d'argent pour vous; j'ai
fait quelques emplettes, j'espère que
vous serez content. Vous mangerez
avec nous, ou seul dans votre chambre, à votre choix. Je vous ai fait

connaître M. de Marbai , c'est mon ami ; par la suite , vous aurez des raisons de l'aimer beaucoup. M. de Ville et M. de Marbai se partageront ; je viendrai me mettre en tiers ; on vous laissera seul quand vous l'exigerez.

— Je sens , monsieur , qu'on peut être heureux dans le malheur même, puisque l'on m'a confié à vos soins. Nous sommes déja deux amis , M. de Ville et moi, et je prévois que je devrai beaucoup à M. de Marbai , dont j'ai entendu parler plusieurs fois. Oserai-je vous demander à qui je suis redevable de l'argent qu'on vous a remis ?

— Au ministre , au moins c'est de lui que je le tiens.... La somme était considérable ; je n'ai employé que deux cents louis, il m'en reste mille.

Il baissa la tête.

— Je ne sais,... j'avais deux amis,... ils ne m'ont pas abandonné. Un d'eux m'a remis aussi une cassette que je n'ai pas encore visitée ; je suppose que de son côté il aura pourvu à mes besoins. Cette somme d'argent me surprend beaucoup... Des parens éloignés ont contesté à ma tante le droit de me léguer son bien ; on m'en a dépouillé. Il n'est pas à présumer que ces gens-là soient susceptibles d'humanité ; ils ont été les plus acharnés de mes ennemis ,.... même après la ruine de ma fortune.

Je lui dis que j'avais aussi deux malles à lui remettre.

— Vous aussi, M. de Marbai ! si j'étais intéressé, il paraît que je devrais me consoler. Mes ennemis sont bien coupables , si je ne dois pas ces secours à la généreuse sensibilité de mes amis : .... au reste, ce n'est pas ma fortune que je regrette.

Le capitaine le considérait d'un air attendri.

— Tout peut se réparer, monsieur,

les hommes ne sont pas toujours in-
justes....

— Ah ! il n'est pas en leur pouvoir de me rendre méchant, atroce.
Je suis et je serai homme, malgré
les hommes ; mais ils m'ont ôté plus
que la vie ; ils ont flétri un cœur
aimant, ils ont souillé mon honneur.... Je le disais à M. de Ville ;
ils m'ont ôté deux amis ; .... deux
anges vivent encore dans Paris, ils
y vivent dans la douleur, environ-
nés de soupçons outrageans, et per-
cés des traits de la calomnie...

Nous le laissâmes seul....

Voilà bien, dit le capitaine, l'être
le plus intéressant que j'aie encore
vu. Je ne connais point à fond son
affaire, mais je le crois innocent ;
ce pourrait bien être un autre Calas ;
à-coup-sûr, ce n'est pas un homme
ordinaire.

En quittant l'exempt, il lui avait
remis une lettre pour le comte de
D...

Sauville, et l'avait forcé d'accepter une superbe montre.... L'aiguille, dit-il, ne décrira pas un grand nombre de fois cette circonférence, avant que vous voyez des malheurs, elle ne suivra pas la révolution du soleil. Je vais dans un pays bien éloigné ; puisse-t-il l'être assez pour que je n'entende jamais parler de ce qui se passera ! . . . Le lendemain il était tranquille et résigné. . . Une seule chose me pèse sur le cœur, répétait-il à M. de Ville, je laisse deux anges à Paris ; . ... je tremble pour eux : dans le bouleversement général, que l'on n'évitera sûrement pas, les respectera - t - on, si l'on accable la vertu, l'innocence, dans le silence des passions, dans un temps où l'on peut encore distinguer les idées du juste et de l'injuste ?

CHAPITRE XXIX.

Qui fera rire, ou ennuiera ceux qui connaissent l'amour.

LE vent était devenu favorable ; on partit la nuit même. De très-grand matin, je distinguais à peine les terres qui se perdaient dans le lointain... Quel imposant, quel sublime spectacle ! Les cieux reposent leur ceintres azurés sur ces fondemens mobiles.... D'un groupe énorme de nuages, dont les sommets montucux brillent des plus éclatantes couleurs, s'élancent et se précipitent des flots de lumière qui éclaire le vide et va remplir les airs... L'astre embrâsé, roulant obliquement „ paraît commencer avec majesté son immense carrière ; il darde ses rayons de pourpre et d'or sur la surface transparente qui les absorbe „

les brise et les réfléchit. L'homme qui contemple , vers le couchant , ces mondes innombrables et pâlissans , qui les mesure ; l'homme, dont l'esprit audacieux prescrit à chacun la ligne qu'il décrit , lui assigne la durée de sa révolution ; l'homme qui , avec un frêle vaisseau, maîtrise cet élément à-la-fois terrible et docile ; qui sonde sa profondeur , brave les vents impétueux dont il fait souvent servir la fureur à son avantage ; l'homme, hélas ! ne saurait se défendre d'un sentiment d'angoisse , lorsqu'il compare l'abyme qui est sous ses pieds avec le fil délié qui l'attache à la vie ; .... l'homme se replie sur lui - même , s'isole douloureusement , et s'élance vers l'Être qui d'un souffle créa l'univers , et dont le souffle peut l'anéantir : l'homme s'humilie , mais il sent planer son ame au-dessus de l'abyme , et l'abyme disparaît à ses yeux.

Le vent était modéré : la mer poussait mollement ses longues et pesantes vagues après le vaisseau qui fuyait en laissant une large trace derrière lui. J'admirais comment, avec un simple rouet, un homme, un enfant, peut faire mouvoir à son gré une masse si lourde, si énorme ; comment il se dirige à travers mille précipices invisibles, sans autre objet de comparaison qu'une petite aiguille de fer... Je m'étonnais des efforts de l'esprit humain, pour parvenir à ce degré de perfection ; car que comparer à la forme, à la mécanique d'un vaisseau ?

J'étais appuyé sur le couronnement ; M. de Bellemare me salua. Je ne sais pourquoi, mais j'aurais mieux aimé qu'il m'eût laissé avec moi-même : j'éprouvai une sensation désagréable ;... j'étais injuste : il ne venait pas me troubler.

— Comme ce spectacle est ravissant, me dit-il ! Comme ces nuages sont beaux ! quelles couleurs ! quelles nuances inconnues !

— Je les admirais...

— Je vous ai vu,... mais je vous ai deviné : je n'ai pas osé troubler le premier essai que vous faisiez de votre cœur.

— Oui, le premier essai..... Le spectacle change à chaque instant ; on dirait qu'il ne se déploie que pour préparer l'œil et le cœur à un nouveau genre de plaisir.

— Oh ! l'homme ne se connaît pas lorsqu'il croit avoir tout éprouvé en sortant de l'opéra.

— Il est vrai que nous ignorons presqu'entièrement l'étonnante variété de plaisirs dont l'Éternel nous a rendus susceptibles.

— Epuisez ceux que les hommes croient avoir inventés ; savourez ce que la musique, la poésie ont de plus touchant, de plus pathétique ; ce que la peinture, la sculpture ont de plus vrai, de plus piquant ; abandonnez-vous aux jouissances physiques les plus délicates, aux songes séduisans d'une imagination brillante et fertile ; écoutez les conseils flatteurs de l'ambition ; laissez-vous prendre aux douces amorces de la vanité , goûtez enfin d'avance les plaisirs que l'espérance vous promet : hé bien ! ... il vous reste encore à sentir....

— Je viens de l'éprouver ;.. je n'ai véritablement joui que dans ce moment-ci... Je réfléchissais sur ces milliers de globes visibles et invisibles , sur cet astre bienfaisant, sur cet abyme immense, sur cet ordre admirable , sur cette Providence infinie ;.... on ne saurait ne pas l'adorer, un sentiment profond de respect, d'admiration, d'amour...

— Oui , d'amour ! c'est bien le

terme... c'est ce dernier sentiment qui vous rendait heureux , qui dans ce moment vous faisait doublement exister. Le cœur est fait pour aimer. L'amour est le prix de l'amour. Celui qui ignore l'amour est le plus à plaindre des hommes, il ignore le bonheur. Le bonheur et l'amour sont la même chose ; tous les plaisirs , toutes les jouissances ont leur source dans l'amour ; leur objet est l'amour. Mais l'amour s'altère , se dénature selon que son objet est plus ou moins pur; il en dépend autant que du cœur qu'il échauffe , qu'il embrâse , et des autres passions qui se mêlent avec lui. Vous venez d'éprouver le sentiment qui donne toujours un bonheur inaltérable , que la jouissance répétée ne rend que plus touchant , plus pénétrant.

La cloche sonna la prière. Bellemare me dit : soyez sûr que le capitaine va être plus véritablement heureux.

pendant quelques momens qu'il ne le serait toute sa vie après les plus éclatantes victoires. Hélas ! personne ne lui enviera son bonheur ;... nous pouvons le partager, il n'en sera que plus délicieux pour nous et pour lui.

Nous adressâmes nos grâces et nos vœux à l'Éternel.

Et je me disais : Bellemare est une victime ; il est innocent ;... l'innocence à une physionomie qui ne ressemble qu'à elle-même : Bellemare est innocent.

CHAPITRE XXX.

Second et dernier cahier de Henri.

Les idées de Bellemare m'avaient profondément affecté. Je perdis toute défiance, je le jugeai digne du médaillon de mon Henri : en le lui donnant je ne pus retenir un soupir. Je lui racontai ce que Mlle de Sauville avait fait pour lui ; je lui remis ses malles, et gardai les papiers pour quelque temps.

— Ange du ciel ! s'écria ce sensible jeune homme, céleste créature ! tu voulais donc t'envelopper entièrement dans la disgrâce de ton ami ! .... Je la croyais à Paris plongée dans l'affliction... Elle nous a trompés son frère et moi. Je la vis quelques jours avant mon départ : elle venait me consoler elle m'assurait qu'on mettrait tout en usage pour me faire rappeler ;... elle me disait qu'il fallait laisser assoupir les bruits et le scandale, qu'on retrouverait le troisième homme puisqu'il existe un Dieu, et qu'alors.....Je savais le sort qui m'attendait, je ne pus lui rien cacher ;.. ce fut probablement à l'instant même qu'elle prit son parti... Je ne doute nullement des sentimens du comte.... Je vous avoue même que je les attends tous les deux... ils viendront me rejoindre... Mais je n'aurais jamais cru que Henriette eût osé seule... De tous temps les femmes nous ont donné l'exemple des vertus les plus sublimes et des crimes les plus atroces. Pour nous, nous regardons les femmes comme des êtres subordonnés. Elles nous dominent, nous maîtrisent, et nous les appercevons à peine dans notre *code moral*. Nos législateurs n'ont imaginé pour elles que des loix pénales ; nous semblons ignorer que la Divinité n'avoit créé la femme que pour témoigner à l'homme sa tendre sollicitude...... Le plus méprisable des hommes est celui qui méprise la femme... Lisez ces papiers, monsieur, et vous verrez ce que peut être une femme.

Second cahier de Henri.

Paris, Septembre 178...

Il nous a suivis à cheval... Je l'ai apperçu de loin avec trois autres cavaliers, Mme Deslandes a reconnu le jeune duc ***; elle me l'a dit; j'ai tremblé.

Voila huit jours que nous sommes arrivés, et je ne l'ai pas encore vu. Il est pourtant venu... Mais j'étais au lit.

Comment, ma chère maman ? Je

suis tous les jours habillée à sept heures.

— Oh ! il n'en était pas six quand il vint... Il resta assez long-temps avec le comte.

— Combien de temps , madame ?

— Mais , deux ou trois heures, je crois.

J'étais levée alors.

Paris, Octobre 178...

Mon frère ne dit rien... Il m'aime pourtant, ce bon frère. M.me Deslandes se plaint de ce que l'on informe le procès trop lentement...... Je croyais que ce n'en était que plus sage. Elle pense qu'il se forme une cabale...

Une cabale !.... qu'est-ce que cela veut dire ?... Quand il s'agit de l'honneur d'une famille estimable , de la vie, peut-être, d'un homme innocent et généreux... Une cabale !...

Le duc et son fils sont encore à la -

campagne. Mon frère sort souvent.

Il n'y a personne à Paris... Mais *Il* est à Paris *lui*. Il n'est venu qu'une fois, encore ne l'ai-je pas vu.... Je n'ose rien dire... Ma bonne amie affecte aussi de se taire.... Il a écrit à mon frère.... Ils partent ensemble pour huit jours ; je ne dois avoir aucunes inquiétudes, c'est pour aller sur les lieux avec quelques amis..... Auguste m'a promis de m'écrire s'il restait plus long-temps.

Les demoiselles Desgrieux sont arrivées avec leur père. Que viennent-elles faire à Paris ? Il fait si beau à la campagne. Je les verrai sûrement. Je ne les aime plus.....

Paris, Octobre 178...

J'étais occupée à arranger mon brouillonnage : mon frère est entré, je ne l'avais pas entendu.

A qui écrivez-vous, ma sœur ?

A personne, mon frère ; et j'ai

cherché à cacher mon cahier..... Je rougissais jusqu'aux yeux...... Vous m'avez trouvée mille fois à écrire , et jamais vous ne m'avez fait cette question.

— Henriette de Sauville aurait-elle des secrets pour son frère ?

Il a dit cela d'un ton sévère.

Non , non, mon cher Auguste ;... mais. .... à qui voulez-vous que j'écrive ? Je m'ennuie ; j'écris pour me distraire , je m'amuse avec ce barbouillage.

— Pourquoi ma chère Henriette semble-t-elle craindre que je lise ce qu'elle appelle son barbouillage ? Je gage , moi, que cela sera charmant.

Ah ! mon frère , de grace.

Henriette , je ne suis pas accoutumé à commander; ma Henriette le sait bien ;... mais elle aura sûrement ses raisons ;... je me retire.

Auguste, mon bon Auguste ,.... vous me désolez ;..... je suis honteuse;... tenez,... lisez donc... Oh! je meurs de honte !

Je me suis échappée ; j'ai couru me cacher au jardin; je m'y suis promenée long-temps ; ... Mme Deslandes est venue m'y trouver; .... elle ignorait l'embarras où j'étais : mon frère s'était enfermé dans son cabinet avec un étranger ;.... j'ai rentré dans ma chambre ;... je me suis mise à mon bureau ; j'avais oublié que mon frère avait mon cahier...

Mon frère est venu me trouver : j'ai encore voulu m'enfuir , mais il m'a retenue par la main; de l'autre, je me cachais le visage comme une coupable qui va entendre prononcer sa sentence ;... je ne l'étais pourtant pas... D'où vient donc cette timidité, cette honte ?

— Vous avez une mémoire bien fidèle, mon aimable Henriette ; et de plus , vous êtes sincère sur votre propre compte.... Je suppose, a-t-il ajouté d'un ton caressant, que vous attendrez ma mort pour faire imprimer votre journal, sur-tout si vous le continuez, sans quoi je serais forcé de me surveiller avec une extrême vigilance.

Cette idée m'a attristée; deux larmes se sont échappées, je n'ai pu les retenir...

Console-toi, mon aimable sœur, je plaisante. Continue ton naïf journal, mais sois toujours sincère avec toi-même. Je connais bien des femmes qui seraient effrayées si on les forçait de lire ce qu'elles auraient eu le courage d'écrire suivant ta manière; j'en connais encore davantage qui frémiraient à la seule idée de se donner à une pareille occupation. Ton brouillonage te sera utile, ma bonne Henriette. Quand tu liras le matin ce que tu auras écrit la veille, il se rencontrera bien des circonstances où ton journal te servira de leçon, où il te

2.   E

donnera de la consolation et du courage. Continue donc, je ne te demanderai jamais à le voir. Je m'en veux de n'avoir pas imaginé ce moyen de passer deux ou trois heures avec moi-même... Ma sœur, quand on est bien avec soi, on l'est toujours avec les autres. Il y a certaines choses sur lesquelles il est sage de ne pas trop s'appesantir, sur lesquelles je te conseille de glisser légèrement. Défie-toi sur-tout, ma bien-aimée Henriette, défie-toi de l'imagination : ..... lorsqu'on se livre trop à cette enchante-resse, on s'accoutume à la prendre pour l'image consolante de la vérité; mais le désespoir reste au fond du cœur si l'on ne peut réaliser ses chi-mères.

Mon frère m'a embrassée en me quittant... A propos, m'a-t-il dit en revenant sur ses pas, le chevalier m'a écrit de te faire ses excuses; il est honteux, dit-il : en vérité, Hen-

(99)

riette, tu dois lui pardonner, il a été
si occupé....

Je rougissais... Mon frère m'a encore embrassée. Les hommes n'ont
point de délicatesse. . . . . Pourquoi
m'embrasser deux fois ? . . Oh ! les
hommes n'ont point de délicatesse,
pas même Auguste.

Octobre 178...

Blondel est parti avec lui ; j'en suis
bien aise ; Blondel ne sait qu'aimer,
Blondel ne craint rien au monde. . . .
Il m'a vu naître, ce bon Blondel :...
c'est l'homme de confiance, l'ami de
mon frère... Mme Deslandes m'en a
raconté des choses étonnantes. Oh !
s'il eût été avec nous dans le bois !

Novembre.

Six heures du soir.

Les demoiselles Desgrieux sont
venues ; ... je suis encore en larmes.

— Mon Dieu, ma chère, qu'est-ce

que cela signifie? On ne vous voit nulle part; vous êtes devenue d'une *réserve*, d'un *rare* depuis votre aventure ;... savez-vous qu'on vous oubliera tout-à-fait?...

— Tout le monde ne l'oubliera pas, ma sœur.

— Tu crois, Rosalie ?

— Est-ce que Bellemare n'est pas à Paris ?

— Bellemare a bien d'autres affaires en tête...

A propos, ma chère Henriette, savez-vous qu'on publie des choses singulières ?

Que peut-on dire, mademoiselle!

— Mais,... oui,... en vérité, ... des choses étonnantes.... Cela pourrait devenir sérieux, au moins.

De quoi s'agit-il? dites - moi, de grace.

— En vérité, ma sœur, vous êtes d'une étourderie.... Pourquoi chagriner la *charmante Henriette* ?...

Voulez-vous venir à l'opéra avec nous ?... on donne aujourd'hui une nouvelle pièce :...... il y aura un monde !

Non, je ne sortirai pas.

— Il est temps, ma sœur ; je veux entendre l'ouverture...

— Adieu donc, ma chère amie ; vous avez tort de languir comme cela toute seule ;... vous tomberez malade... A propos, savez-vous que Bellemare part pour recommencer ses voyages ?

— Hé ! non, ma sœur, on dit qu'il a reçu des lettres d'Angleterre, et que l'honneur l'engage d'y retourner.

— Peu nous importe, après tout... Tant mieux pour lui, s'il a fait la conquête de quelque Miss bien froide, bien empésée, bien *formale*... Adieu, Henriette ; mon Dieu, comme vous êtes triste !

— Elle a ses chagrins, ma sœur.

— Finis donc, Rosalie ;... pour-

quoi le lui dire ?... Que je vous em-
brasse... Bonjour, M.me Deslandes ;
vous viendrez nous voir, n'est - ce
pas ?... Comme elle est pâle ,... n'est-
ce pas, Rosalie ?

Les cruelles ! ... les barbares ! ...
elles sont sans cœur.... O ma chère
maman ! je suffoque... Que veulent-
elles dire avec ces propos que l'on
publie ? Que peut-on dire ?.... Avez-
vous entendu ?... à Sauville, le chevalier nous fit au jardin quelques
questions; après leur avoir demandé
leur sentiment, il vint à moi en
disant, *et vous , charmante Henriette ;* ... et voilà ce qui a déchiré
l'ame de Rosalie... Je ne veux plus
les voir ; n'est-ce pas , madame, il
ne faut plus les voir ?

« Gardez-vous-en bien , mademoiselle ; il faut au contraire les écouter,
et oublier en effet leur caquetage.
Ce sont des folles ; la jalousie les
dévore ; .... tous ces propos , ...

elles les publient elles - mêmes. ...

Est-il possible ? mais, madame, que peut-on publier ? ..... Jalouses, dites-vous ?

« Oui, ... jalouses ; .... elles font semblant de mépriser M. de Belle-mare, parce qu'il les aura jugées, et qu'il n'aura sûrement fait aucune at-tention à elles ;... elles auront deviné qu'il vous aime.... »

Je me suis cachée dans le sein de ma bonne maman.......

« Elles sentent qu'il est impossi-ble de les aimer... Malgré leur or-gueil, elles se rendent intérieure-ment justice, et cela les humilie : ne cherchez pas ailleurs la cause de tous ces propos... Cette lettre qu'il doit avoir reçue d'Angleterre, pure fourberie;.. elles ne savent pas qu'il est parti avec votre frère ; mais elles ai-ment mieux inventer quelques faus-setés, que de ne pas satisfaire leur passion pour la médisance... Armez-

vous de courage , ma chère enfant ;
ne vous laissez pas dominer : il ne
faut pas sur-tout les rebuter ; ces
deux serpens ne garderaient plus
aucun ménagement.....

Novembre 178....

Mon frère n'a point encore écrit...
M. Desgrieux est venu me faire sa
visite ; il nous a invitées pour une
fête qu'il donne à sa sœur, à la marquise de Baisieux... M.me Deslandes
ne l'aime point ; elle dit que c'est une
philosophe ; je croyais qu'il était
honorable..... d'être philosophe.

Novembre 178....

Huit heures du matin.

Les jours de douleur sont donc
venus ? Quelle cruelle scène que celle
d'hier !

Nous avons été chez M. Desgrieux ;
il y avait beaucoup de monde : je ne
connaissais personne ; M. Desgrieux
m'a reçue avec beaucoup d'égards :

ses filles, ses barbares filles ont paru transportées de plaisir... Quelle fausseté ! quelle sécheresse de cœur ! Mme Deslandes me pressait la main.

On m'a beaucoup examinée... On se groupait ; on se parlait à l'oreille ;... on souriait...... Hélas ! une curiosité froide ! Ma bonne maman affectait de me parler souvent ;..... je ne l'entendais pas.

J'ai remarqué un jeune homme dont la physionomie m'a paru plus douce, plus honnête..... Mlle Desgrieux lui parlait avec action, et riait aux éclats. Le jeune homme me regardait. Madame Deslandes m'a demandé si je ne reconnaissais pas M. de Plainville ;..... je l'avais tout-à-fait oublié.

Il est venu directement à nous, et m'a fait le compliment le plus flatteur.

J'ai baissé les yeux ; il y avait six ans que je ne l'avais vu. Il s'est in-

E.

formé de mon frère, a dit les choses
les plus honnêtes à Mme Deslandes;...
il paraît avoir beaucoup de respect
pour elle.

Rosalie est venue à nous. « Mon
Dieu , mon cousin , prenez garde
à vous ; .... si quelqu'un savait que
vous osez vous asseoir auprès de
notre *chère Henriette* , vous pourriez vous attirer des affaires........
— Comment ? — Mais , oui ; nous
avons ici un nouveau chevalier ; ...
demandez plutôt à Mlle de Sauville...

Elle s'est en allée en sautant.

M. de Plainville m'a dit : mes chè-
res cousines sont un peu étourdies.
J'ai bien peur qu'elles ne réussissent
pas ; .... elles prennent un mauvais
moyen... J'ai su votre aventure du
bois , mademoiselle ; mais je ne m'en
rapporte point à ce qu'elles m'en ont
dit ; ... je prierai Mme Deslandes de
me la raconter....

La marquise de Baisieux est entrée; elle m'a apperçue, est venue à moi, et m'a entraînée dans un coin. Il a fallu lui raconter tout.... — Quelle espèce d'homme est ce Bellemare?... — Mais, ... madame... — Est-ce que vous ne l'avez pas vu? Hé bien?.. . vous ne répondez pas?... Cela est unique,.... plaisant... Comment, vous, n'avez pas vu un homme qui vous a portée trois lieues dans ses bras?....

Le feu me montait à la figure; j'étais désolée; je ne savais que dire... — Madame la marquise, il me semble que je vous ai dit, un quart de lieue; j'étais alors bien loin de faire attention à celui qui me portait.

— Enfin, vous l'avez vu depuis?.... quel homme est-ce?

— C'est, madame, un homme décent. — Ha!... ha!... ha!... Vous êtes charmante,...que je vous baise;... d'honneur, était-il décent? a-t-il bien été décent?.... Je pouvais à peine me contenir ; les larmes roulaient dans mes yeux ; . . . . heureusement j'ai eu assez de forces... — Madame la marquise , questionnez-le , il vous répondra mieux que moi. — Charmant ! charmant ! faisons la paix ; . . . . baisez-moi.

Elle me fixait avec des yeux. . . . . . quelle femme que la marquise ! Elle est veuve , elle est très-riche : ... on voulait la marier à mon frère ; ... heureusement mon frère ne pense pas à elle.... Elle m'a quittée en haussant les épaules ; . . . . elle est belle , mais elle a les manières d'un homme mal élevé... Je suis revenue à ma place. M. de Plainville parlait à Mme Deslandes : Mlle Desgrieux l'aînée est venue ; son cousin lui a cédé son siége ; il a resté debout devant nous... — Hé bien , Plainville , Mlle de Sauville est bien embellie , n'est-ce pas ? — Oui , ma cousine ; mais elle a d'autres qualités que je préfère. —

Des qualités ! comment, elle en est
pétrie ; elle fait des miracles. — Ils
sont rares de nos jours, ma cousine,
et d'autant plus nécessaires ; il faut
bien que quelqu'un en fasse. — Sûrement, mon cousin, et c'était réservé
à la belle Henriette de Sauville.....
Connaissez-vous M. de Bellemare ?
— Beaucoup, ... c'est mon ami. ...
Il n'y a pas deux mois que nous
étions ensemble à Londres. — Vous
savez qu'il passe pour un homme extrêmement froid, indifférent; vous...
— Je sais, ma cousine, que c'est un
homme accompli ; qu'il a toujours
agi en homme d'honneur. . . — On
ne devrait pas en douter; ... mais il
y a de si mauvaises langues.... Mon
Dieu ! je serais au désespoir, si pareille affaire m'était arrivée ; ... c'est
toujours désagréable, quelqu'innocent qu'on soit... — Bon ! les gens
d'esprit se moquent des sots; et il
n'y a que les sots qui causent à tort

et à travers.... Les sots ont en géné-ral mauvaise langue... J'envie, moi, à Bellemare, d'avoir été utile à Sauville et à son aimable sœur. — Je pense comme vous, mon cher cousin; on devrait mépriser les propos; mais quelque philosophe qu'on soit, cela chagrine toujours; ... car, qui veut passer pour ce qu'il n'est pas?... et puis, on croit plutôt le faux que le vrai, le mal que le bien... Je sais, moi, que Mlle de Sauville ne connaissait pas M. de Bellemare, et pourtant, depuis trois jours, je ne fais autre chose que de détromper les gens... On s'est persuadé, je ne sais trop pourquoi, on publie même que le chevalier s'était lui-même créé des ennemis pour faire parade de sa bravoure. — Ma cousine, ce que vous dites est plus que.......

Je me suis levée; M. de Plainville m'a reconduite à la voiture, et je suis revenue à l'hôtel, noyée dans mes larmes.....

Décembre 178...

Dix heures du matin.

Plainville avait averti M. Desgrieux, il sort d'ici ; il est désolé de la scène d'hier. Il assure que ses filles le feront mourir de chagrin. « L'aînée a vingt-trois ans; la cadette vingt-un, et personne ne s'est encore avisé de les *rechercher ;* elles sont pourtant héritières d'une grande fortune. »

Il m'a demandé pardon, les larmes aux yeux..... Pauvre M. Desgrieux !

« *Sa* femme les avait élevées ainsi. Son état ne lui permettait pas de veiller lui-même à leur éducation. Tout le monde n'avait pas l'heureux don du comte de Sauville... Hélas ! toutes les jeunes personnes n'avaient pas les mêmes dispositions. . . . Lorsqu'*il* avait quitté le militaire, le mal était irréparable.

M. Desgrieux est un homme doux,

modéré ; mais il n'est pas aveugle sur les défauts de ses filles..... Il souffre d'autant plus, qu'il ne saurait s'empêcher de les aimer.

« Il n'est plus temps, mademoiselle, de chercher à les corriger; elles sont ce qu'elles seront toute leur vie ; il n'y a plus de retour ;... elles mourront filles, ou les hommes deviendraient absolument fous. »

Quel aveu ! j'en ai frémi... Le malheureux père ! il m'a priée de lui pardonner, à lui qui m'estime au-delà de tout ce qu'on peut estimer.

« Oh ! si mes filles sentaient le prix de la moindre de vos qualités. »

Il me serrait la main avec tant d'affection, il était si humilié..... Je n'ai pu m'empêcher de pleurer... J'ai oublié la méchanceté de ses filles.

« Elles viendront, mademoiselle, vous demander pardon. Plainville les amènera ;... Plainville est indigné;... il menace de ne les voir jamais, si elles ne font cette démarche... Vous mépriserez leur excuse comme leurs impertinences, mon aimable demoiselle ; aussi votre ame est au-dessus de pareilles misères , mais elles doivent s'humilier. »

J'ai voulu diminuer leurs torts.

« Oh ! ne me parlez pas d'elles ;... je ne ferais que sentir davantage la différence....... Dieu veuille qu'une basse jalousie ne soit pas la cause.... Ah ! mademoiselle , la méchanceté des autres ne saurait justifier à mes yeux leur indécente conduite. »

Il s'est retiré la douleur dans l'ame : j'ai ressenti les chagrins de cet estimable homme presqu'aussi vivement que lui.

Décembre 178...

Six heures du soir.

Soyez à jamais heureux, mon cher Auguste , mon aimable frère... Il m'a écrit ; il m'a envoyé lui-même une lettre de M. de Bellemare... Madame

Deslandes les a lues.... Oh ! comme j'étais émue.

M.me Deslandes, j'ai pour frère le meilleur, le plus aimable des hommes.

Le plus aimable ! .... j'en connais qui ne lui cèdent en rien ; qu'en pensez-vous, Henriette ? ...... Hé bien, mon ange, répondez à ces messieurs?

— Mais oui, madame, il faut répondre... Dites-moi,... vous devriez bien me conseiller.

— Oh ! pour cela non ; c'est votre affaire ; cela vous regarde : ... ce n'est pas moi qu'on veut épouser.

— O madame !

Elle me tenait la tête entre ses deux mains, et me regardait fixement.

— Je pense comme le comte, vous êtes trop jeune...

Et puis elle s'est échappée...

Je vais répondre à ce bon frère. O mon cher Auguste ! je suis pénétrée de tes bontés, de tes soins, de tes peines.

Si les demoiselles Desgrieux allaient venir... Ah ! je leur pardonne de bon cœur... Pourquoi me dire que M. de Bellemare partait pour l'Angleterre ?... que l'honneur l'y rappelait :... rien n'est si faux... Il faut pardonner.

De Sauville. Décembre 178...

« Je ne saurais, ma chère Henriette, me rendre à Paris d'ici à quelque temps. Nos affaires et celles de Bellemare, que nous devons regarder comme les nôtres, me retiendront encore à Sauville pour deux ou trois semaines. Abandonne-toi, ma bonne, mon aimable sœur, aux conseils de notre amie commune.

» J'ai cru devoir garder le silence sur notre situation actuelle, et sur quelques autres choses... Tu ne dois pas m'en vouloir. M.me Deslandes s'est expliquée avec toi ; je redoutais ce moment ; il est arrivé ; il faut se comporter avec prudence.

» Voici une lettre de Bellemare,

ma chère Henriette ; lisez-la avec attention, avec réflexion. . . . Nous devons infiniment à notre ami ; malgré cela , je ne suis rien moins que disposé à vous contraindre. Je suis votre frère et votre ami : je ne m'arrogerai point de droits tyranniques ; consultez votre cœur.

» Il me semble que le chevalier aurait pu attendre à vous parler de ses desseins... Je n'ai pu lui refuser cette condescendance ; il y aurait eu une sorte de dureté. Sans vous presser en sa faveur , je vous dirai que je n'ai aucunes objections à vous faire contre lui... Sur une ame sensible et délicate , la reconnaissance a bien de l'empire : Henriette , l'expérience ne prouve que trop que la reconnaissance ne remplace pas toujours un autre sentiment ; je serais inconsolable si votre dévouement vous coûtait une larme par la suite.

» Écrivez-moi toujours à Sauville :

si j'étais absent, on me ferait parvenir vos lettres... Adieu, ma chère,
ma tendre sœur; ne doute jamais du
cœur de ton frère.

————————

Auguste, mon bon Auguste, l'ingratitude est le plus bas de tous les
vices.

De Calmont. Décembre 178...

« Votre frère, mademoiselle,
dont l'estime me touche autant
qu'elle m'honore, m'a enfin permis
de vous écrire; je ne l'aurais jamais
osé sans sa permission... Il s'est beaucoup récrié sur votre jeunesse, et a
cédé à mes prières, à mes importu-
nités.

» J'ai la plus haute idée du mariage, mademoiselle; je le regarde
comme le lien le plus sacré, le plus
saint qui puisse unir les hommes entre eux, et leur faire supporter les
maux de la vie : mais je renoncerais

volontiers à la fortune qui m'attend, à la tendresse de ma respectable tante, si l'on me forçait d'épouser une femme à la mode, une femme comme il y en a tant.

— » J'ai détrompé la baronne; elle me croyait une aversion invincible pour le mariage : je ne vous connaissais pas, mademoiselle, lorsqu'elle me conjurait de faire un choix. Je lui ai simplement nommé Henriette de Sauville. Elle m'a pressé contre son sein; elle m'a prodigué les plus tendres caresses : je ne pouvais, dit-elle, faire un choix qui me fît plus d'honneur... Je la rendais heureuse pour le reste de ses jours;... elle brûle de pouvoir vous nommer sa fille, sa mère chérie;... elle ne connaît pas un être plus accompli que la sœur du comte de Sauville...

» Il me semble que le comte doit vous écrire à mon sujet. Je me repose sur la noble franchise de son carac-

tère. Serais-je assez heureux, mademoiselle, pour obtenir un mot de
vous ? Me sera-t-il permis d'espérer
que vous daignerez entendre quelque jour l'expression sincère du
sentiment que vous m'avez inspiré ? etc. . . . . »

Paris. Janvier 173...

« Je m'abandonne entièrement à
vous, mon bon Auguste ; soyez mon
père, soyez mon ami... Henriette
sera soumise. Vous avez lu dans mon
cœur, Auguste, vous l'avez formé ,
ce cœur ; il est sans détour , sans dis-
simulation ;... qu'ai-je besoin de vous
en dire davantage ?... Mme Deslandes
me l'a dit aussi , mon secret ; il
m'était échappé : hélas ! je ne savais
pas que j'avais un secret....

» Mon cachet est le vôtre ; remet-
tez ma lettre si vous le jugez à propos : si elle ne vous convient pas ,
corrigez-la, et envoyez-la moi.

» Je suis folle depuis que vous

m'avez écrit... Écoutez , ... j'ai tant souffert , mon cher Auguste, depuis votre départ !... Les demoiselles Desgrieux m'ont tant chagrinée ! O mon frère ! ce que l'on dit... J'étais malade lorsque j'ai reçu vos lettres... Je vous attendais... Mon Dieu ! est-il bien vrai qu'il y ait des êtres assez scélérats pour imaginer... S'en trouvera-t-il d'assez bornés pour croire que le chevalier.... Je m'y perds.

» Écrivez - moi, mon cher Auguste. Plainville viendra sûrement me voir ; Plainville , notre ami de tous temps, me consolera ; je pourrai lui ouvrir mon cœur. Adieu, mon bien - aimé , aimez toujours votre Henriette. »

Paris. Janvier 178...

« Mon frère m'a fait passer votre lettre, monsieur. Depuis l'enfance, je suis entièrement soumise à ses volontés. Sa remarque sur ma jeunesse, dont vous avez bien voulu me

faire part, me paraît très-judicieuse.
Permettez-moi, monsieur, de m'en
rapporter en tout à sa prudence, à
la tendresse qu'il a toujours eue pour
moi. »

« Mes sentimens sont tels, que je
ne saurais les changer. Vous serez
éternellement mon sauveur ; vous
m'aurez conservé l'honneur et la vie
d'un frère à laquelle la mienne est
attachée ; ma reconnaissance est sincère, profonde, mais elle s'arrêtera
à la voix de mon frère. »

« Madame la baronne ne saurait
douter de ma vive reconnaissance
pour l'opinion flatteuse qu'elle veut
bien avoir de moi... Je vous prie,
monsieur, de lui présenter mes hommages, et de l'assurer que rien au
monde ne saurait diminuer la haute
considération et le profond respect
que j'ai pour elle, etc. etc. »

Mme Deslandes a lu mes lettres ;...
elle m'a encore embrassée... Je suis

2.   F

sensible à ses caresses , ... mais elle a
souri avec un air de finesse. . . Il y a
quelquefois une sorte d'*indélicatesse*
à sourire : ... elle me fait toujours
rougir. . . Cette fois je l'ai boudée ; ...
j'ai resté seule dans ma chambre ; j'ai
écrit.

Janvier 178..

Plainville est venu avec ses cousines : ... elles voulaient s'excuser,
disaient-elles. . . Les barbares créatures ! elles prenaient plaisir à en-
foncer encore plus le poignard dans
mon sein. J'ai rompu tout-à-fait avec
elles. . . Plainville les a laissé aller
seules. Il leur a dit : *adieu, mesde-*
moiselles , c'est pour la dernière
fois.

Sans le vouloir j'ai mis la désunion
dans cette famille. J'ai prié M. de
Plainville de ne pas être si sévère : il
est inébranlable ; il dit nettement
qu'il les méprise ; ... que rien au
monde ne peut le forcer à les voir.

Il paraît qu'elles auront fait quelques nouvelles sottises que l'on me cache, car il m'a dit en me quittant : *mademoiselle, vous devez vous respecter vous-même, et ne plus les voir, ni chez vous, ni chez elles...*

Que veut dire ce conseil ? Auguste ! que ne revenez-vous ? Oh ! revenez consoler votre Henriette.

A dix heures du soir.

Une lettre de M. de Bellemare,... c'est Plainville qui me l'envoie... « Je n'avais jamais connu l'amour avant de vous avoir vue, mademoiselle. Vous m'avez appris que j'étais né pour aimer ; et je sens que sans l'amour, la vie ne serait plus pour moi qu'une végétation ennuyeuse... Votre lettre, hélas ! ne m'a pas ôté mes inquiétudes. Ma tante, à qui je l'ai montrée, et qui avait lu la mienne, m'assure que vous avez agi comme vous le deviez. Il faut la croire. Elle s'étonne que je ne sois pas heureux ; et moi je cherche en vain dans votre lettre un mot qui soit la réponse à mon cœur. Je ne sais quelle est la manière dont il est permis à une jeune personne d'avouer ses sentimens. Tout est entrave dans la société. L'égoïsme, l'inconstance, les caprices que l'on prend pour de l'amour, les fantaisies que l'on nomme passions, le libertinage enfin ont motivé, dit-elle, cette retenue chez le sexe.... Il faut deviner,... mais l'amour-propre ne nous aveugle-t-il pas ? »

« Je ne trouve dans votre lettre que la reconnaissance, et une promesse positive d'obéir.... Obéir ! ne devrais-je donc mon bonheur qu'à votre soumission, qu'à des ordres ? Serait-ce un bonheur alors ? Serais-je assez bas pour solliciter des ordres ? De la reconnaissance ! Ah ! vous ne m'en devez pas. Au nom de ce que vous chérissez, laissez-moi croire que vous pourrez devenir sensible à l'amour le plus tendre, le plus pur ;... que vous pourrez le payer de quelque retour !..»

« Ma tante prétend qu'un amant bien épris s'expliquerait autrement ;.._ que je n'aurais jamais réussi auprès d'elle. Hélas ! je ne sais que sentir. Le désordre dans les pensées, dans les expressions, de grands mots, des protestations, des sermens, ... tout cela m'a toujours paru l'effet du délire. Le délire n'est pas un état naturel, il ne dure pas long-temps. Le cœur doit être flétri par la violence des passions et des desirs, le sentiment perdre de sa force ; et le calme après doit tenir de la fatigue, et être suivi du dégoût.... Il me semble que l'amour ne nous rend heureux qu'autant qu'il nous échauffe d'un feu doux et modéré... L'amour est destructeur lorsqu'il dévore, embrâse et consume ; il est bien plus une maladie cruelle que le doux et le délicieux épanchement de deux cœurs purs et vertueux....O Henriette ! cet amour, dont j'ai lu les pompeuses et brûlantes descriptions, n'est pas celui que vous m'avez inspiré.... Je jouis en vous aimant d'un charme ineffable ;...je me sens doucement ému lorsque je pense à vous.....Une chaleur vivifiante me pénètre lorsque j'entends prononcer votre nom. L'idée de la beauté me rappelle votre image... Je me plais à vous supposer toutes les vertus douces d'une ame honnête et sensible. La délicatesse dans les expressions, de la noblesse dans les manières, un jugement sain, un esprit aisé, de la bienveillance dans le commerce de la société me retracent toujours le portrait de Henriette de Sauville. Je n'ai jamais été méchant, mais je sens que je deviens meilleur depuis que je vous aime. »

Mme Deslandes lit toutes les let-

tres que je reçois et que j'écris…
Voilà, dit-elle, l'amant que mon
cœur eût choisi ;… je suppose, ma
chère Henriette, que vous lui répon-
drez d'une manière qui le console.
— Il me semble, madame, que M. de
Bellemare a tort de se plaindre de
moi… Vous avez lu ma lettre ; mon
frère la lui a remise. — Une jeune
démoiselle ne saurait à la vérité mettre
trop de dignité et de modestie, lorsqu'elle écrit à un homme qui aspire
à sa main, mais il faut aussi bien se
garder d'outrer ces deux qualités…
Répondez toujours, votre cœur vous
dictera peut-être quelque chose…

« — Que pourrai-je écrire, ma
bonne maman ? Je ne ferai que me répéter… — Non : vous ferez quelque
chose de plus ;… je gage que vous
direz davantage…. Je ne me serais jamais jetée à la tête d'un homme ; mais
celui-là eût été l'*amant* de mon cœur…

Mme Deslandes a beaucoup plus de

sagesse et d'expérience que moi,... je lui écrirai, ... que lui dirai-je ?... Je n'oserai jamais : ... et cependant il n'est que trop vrai. O Bellemare ! si vous me trompiez , si jamais vous veniez à cesser : . . . j'attendrai des nouvelles de mon frère.

Février 178...

Mes chagrins se succèdent et augmentent tous les jours. . . . Le Suisse avait ordre de ne laisser entrer personne ; . . . la marquise de Baisieux s'en est moquée. Elle vint hier avec M. Desgrieux ; Plainville en fut averti, et entra un moment après.

La marquise se récria beaucoup sur ce qu'elle appelait mon *incroyable délicatesse ,* et trouva, comme ma tante, que mon frère n'entendait rien à l'éducation d'une jeune demoiselle... Elle plaignit ses nièces , qui, selon elle , n'étaient tout au plus que des étourdies.

Plainville ne put se retenir, et dit

à sa tante qu'elle était bien modeste dans ses expressions... M. Desgrieux remuait la tête d'un air chagrin.

« Il est nouveau, s'écria la marquise, à la remarque de Plainville, que mon neveu s'unisse aussi contre ses cousines, et veuille me donner des leçons, m'apprendre quels termes je dois employer. »

— Je sais le respect que je vous dois, ma tante; je ne m'en suis point écarté... Je connais mes cousines; elles ont tort, doublement tort.

M. Desgrieux vint s'asseoir à mon côté; il me prit affectueusement les mains, en répétant comme Plainville, *oui*, mon aimable Henriette, elles ont tort... et vous aussi, ma sœur.

« Fort bien, mon frère; fort bien, M. Desgrieux... mais malgré votre prévention et votre entêtement, je continuerai de penser et de dire que cette affaire n'est rien moins qu'à

F..

l'avantage de Bellemare , et c'est le cri public. »

— Je le crois , ma tante , sur-tout depuis que vos nièces ont dit que Bellemare ne serait tout au plus bon qu'à faire un moine.

« Qui vous a fait un tel rapport, impertinent ? »

— Mes cousines me l'ont dit elles-mêmes, ma chère tante, elles-mêmes, et chez vous , publiquement. Je suis convaincu que ce sont - elles qui par une basse jalousie ont fait courir tous ces bruits que l'on débite... J'ai l'honneur de vous le répéter , ma tante, j'en suis convaincu.

« M. de Plainville ! vous voudrez bien ne pas oublier que d'ici à ce que vous pensiez et parliez autre-ment , je ne reçois personne chez moi. »

— Je vous obéirai, ma tante, aussi long-temps que vous le voudrez.

M. Desgrieux s'est levé en s'écriant : songez-vous à ce que vous faites, ma sœur?... Je deviendrai donc étranger dans ma famille. . . . Mon neveu , voulez-vous me désoler ?

Ma sœur , ma chère Hortense ? Vos nièces sont mes filles , et je suis forcé de penser comme Plainville. Hélas ! je n'ai pas une raison pour les justifier. . . .

« Mon frère , vos filles sont des étourdies , je veux le croire : mais que nous importe cet anglo - français, . . . ce Bellemare ? »

Il faut être juste, Hortense. Au nom de Dieu, ma chère , ma bonne Hortense , soyons justes ; ... l'amitié du comte et de la baronne m'importe beaucoup, . . . Bellemare est innocent...Pourquoi désoler cette aimable enfant ? Pourquoi lui faire détester l'homme qui l'a sauvée , et lui montrer un monstre, un infâme, dans le libérateur de sa famille ?

Parce qu'il plaît à mes filles d'être

envieuses, faut-il que vous vous obs-
tiniez à nous chagriner tous ?...Oui,
oui, ma sœur, mes filles sont coupables...

« Adieu, mon frère. »

M. Desgrieux l'a prise dans ses
bras, et l'a placée sur mon canapé;
elle pleurait...de rage, je crois...
J'étais désolée, je ne savais que
dire, que faire...Plainville ne parois-
sait pas disposé à ramener sa tante...
Je crus qu'il était de mon devoir de
chércher à l'adoucir.

Pour Dieu ! lui dis-je , madame la
marquise, soyez moins sévère avec
M. de Plainville...Oublions tout
cela , madame.

« Vous êtes une colombe, ma jolie
demoiselle, mais un peu sauvage. Il
faut vous apprivoiser ;... si je ne me
trompe, vous jouerez un grand rôle
par la suite....Dites-moi donc, ...et
cette lettre qui vous était adressée,
et qu'on a trouvée sur le chemin de

votre château,...sûrement vous sou-
tiendrez que vous n'en avez pas connaissance, que vous ne l'attendiez
pas, ... que vous ne l'avez pas reçue,
que Bellemare ne vous l'avait pas
écrite ; cependant elle était datée de
Meaux, écrite et signée de sa main
trois ou quatre heures avant ses héroïques exploits ; on l'a trouvée à
l'endroit où le moderne Hercule vous
délivra. »

Je vous jure, madame, que je
n'avais jamais vu M. de Bellemare
lorsqu'il vint nous prier de faire notre
déposition ; que je n'avais pas même
entendu parler de son retour en
France.... Dieu sait quelles horreurs
on débite ! Je suis innocente, et con-
vaincue de l'innocence de M. Bellemare comme de la mienne.

« On verra : en attendant, avec
votre innocence, avec votre angélique douceur, vous êtes parvenue à
désunir toute ma famille ; à rendre

mes nièces odieuses à leur père, et pour vous faire sa cour, mon neveu me manque et me brave. »

Je fondais en larmes ; je tombai à ses pieds.

Je vous conjure, madame, calmez-vous, . . . je suis désolée de tous ces malheurs. En vérité, je suis innocente, . . . M. Desgrieux peut me justifier. . . . Il sait combien je suis éloignée de chercher à mettre le trouble. . . Vos nièces , madame , m'ont insultée chez elles le jour de votre fête ; depuis elles sont venues réparer leurs fautes , c'était en effet pour m'insulter encore une seconde fois ; votre neveu était présent.

« Faussetés , . . . fourberies . . . »

M. Desgrieux m'a relevée. Mme Deslandes , qui jusques-là avait gardé le plus parfait silence , ne put souffrir davantage la manière dont on me traitait ; elle dit à la marquise :

— Vous oubliez, Madame, que vous

êtes chez M. le comte de Sauville, et que vous vous permettez trop avec sa sœur.

« Excellent !... excellent ! dit brusquement la marquise. J'oubliais que Mme Deslandes était ici. Pardon Mme Deslandes ; je suis honteuse : en vérité, je ne vous avais pas apperçue. A présent, vous venez de m'avertir que je suis dans la compagnie de Mme Deslandes. »

— L'ironie, madame, est hors de saison. Vous savez bien qu'à tous égards je puis me trouver par-tout où vous serez.... Vous ne devez pas ignorer que la femme d'un colonel d'artillerie peut aller de pair avec celle d'un colonel de dragons.... Mais vous paraissez avoir oublié que la décence et la modération doivent être de tous les rangs, et sur-tout du vôtre. ...Vous voudrez bien ne pas trouver étrange si je vous répète que vous vous permettez trop ici, et que je tiens lieu de la mère et du frère de Mlle la comtesse de Sauville. . . .

« Hé bien, mon frère, vous vous taisez. »

— Oui, ma sœur.

« Adieu, mon frère. »

— Adieu, ma sœur.

Plainville a voulu lui donner la main. Elle lui a lancé un regard terrible, et s'est retirée.

Ils ont encore resté quelques momens avec moi. Leurs amitiés, leurs caresses n'ont pu me rendre la paix... Je suis désespérée. . . O mon frère! revenez bien vîte.

Cette lettre, dont parle la marquise ! Quelle atrocité ! Mme Deslandes assure que c'est une invention de ces demoiselles. Elle se moque de la colère de la marquise : . . . elle dit qu'elle n'osera pas rompre entièrement avec Plainville. La marquise et ses nièces, quoique riches, n'en sont pas moins avares : . . . elles seraient au

désespoir si Plainville les abandonnait tout-à-fait. Il a fait le serment
de ne jamais se marier depuis le malheur qu'il eut de perdre son amie.
Son bien, qui est considérable, doit
naturellement retourner à sa tante
et à ses cousines ; mais par un arran-
gement de famille , il est le maître
d'en disposer en faveur de qui lui
plaira.

Il est ici tous les jours ; sa présence
me console un peu. Il s'obstine à ne
pas voir ses cousines , cependant il
visite son oncle régulièrement tous
les matins. . . .

Mon frère ne m'écrit point, . . . je
suis dans une inquiétude mortelle...
Le dégoût m'environne , tout me
déplaît, m'ennuie ou me chagrine...
Je n'éprouve d'autre soulagement
qu'en écrivant ; . . . je ne quitte plus
la plume...Le jour, la nuit, je passe
mon temps à jeter mes pensées sur
le papier . . . . Hélas ! le chagrin

reste au fond de mon cœur.......

J'ai écrit à mon frère... point de réponse.

Paris, 178...

Février, dix heures du matin.

Voici une lettre de la Baronne.

Au château de Calmont, février 178...

« Mon aimable Henriette voudra bien me permettre de lui intenter un procès à mon tour. Tout le monde plaide à présent ; je ne veux pas être ridicule, d'ailleurs c'est assez l'amusement de mon âge. Oui, ma jeune amie, quand on ne peut plus agiter les cœurs par ses grâces, par sa beauté, on trouble les familles par des procès ; allons au fait, mon aimable enfant. »

« Mon neveu, dont entre nous je suis un peu folle, mon neveu, dis-je, prétend que j'aurais dû vous écrire ; que c'est à ce manque de politesse qu'il faut attribuer la froi-

deur de votre lettre, et votre silence
à une seconde qu'il vous a écrite. Je
lui ai fait remarquer que vous lui
aviez écrit comme un ange ; . . . que
vous ne pouviez agir autrement ; que
les hommes étoient d'une exigeance
insupportable ; qu'ils estimaient et
méprisaient alternativement la même
chose ; qu'ils desiraient avec ardeur,
ce qui les dégoûtait une heure après ;
qu'il était un peu gâté, lui ; que sûrement il aurait rencontré dans ses
voyages des conquêtes trop faciles ;
qu'il devait se trouver très-heureux
de ce que vous ne lui aviez pas im-
posé silence. . . Que ne lui ai-je pas
dit ? Tout cela ne le persuade pas...
Il est pâle, défait ; . . .il a perdu
l'appétit ; . . . toujours triste, toujours seul. . . . Ce n'est qu'en votre
nom que je puis en obtenir quelque
chose...ce procès qui devrait tant
l'intéresser ,.... il l'a entièrement
oublié...On écrit contre lui de toutes

parts ; les mémoires se succèdent avec une activité incroyable… Il le sait, et reste insensible, indifférent. Votre frère qui s'était absenté pour nos intérêts communs, vient d'arriver à l'instant ; comme moi, il a conjuré mon neveu de se défendre, de répondre au moins aux lettres que ses amis lui écrivent ; il se tait, ou dit froidement : que l'on me condamne si je suis coupable… Henriette ! Henriette ! je ne reconnais plus mon pauvre neveu… O ma charmante amie ! soyez ma consolation dans mes derniers momens… La vieillesse a sillonné mon front ; la dernière heure s'avance ; faites que je descende dans la tombe sans douleur, sans amertumes. … »

Paris, Février 178…

J'éprouve dans ce moment le chagrin le plus cuisant. O madame ! que ne puis-je vous rendre la paix et la

tranquillité que nous avons si innocemment détruites ! . . . Oh ! s'il ne
fallait que la moitié de mon sang !...
Mais que pouvons-nous faire contre
des scélérats qui manœuvrent sourdement ? Je n'ignore pas ce qui se
passe, madame, et quelles horreurs
l'on se plaît à répandre... Il n'est
que trop vrai que les parens de ces
malheureux ne sont pas les seuls que
nous ayons à craindre. Ils sont sou-
tenus et excités par des êtres plus
coupables que leurs victimes, puisqu'ils se cachent. Au reste, votre
neveu a fait sa déposition, elle est
conforme à la nôtre. Il est clair
qu'il lui a été impossible de méditer
un crime contre des hommes qu'il
n'a jamais connus. Il y avait cinq ans
que M. de Bellemare était absent ;
depuis deux jours, il était de retour
dans sa patrie ; quinze ans de conduite et de vertus ne finissent pas
ainsi par une bassesse. Il venait de

Meaux , où vos affaires l'avaient
retenu deux ou trois heures ; en trois
heures on ne corrompt pas trois inconnus. On lui reproche d'avoir eu
des pistolets de selle , comme si
c'était la première fois qu'un gentil-
homme se fût armé en voyage.....
Mais celui qui poursuivait mon frère
avait un sabre et deux pistolets. Cette
affaire, madame, ne saurait être in-
quiétante pour M. le chevalier....Je
pense comme lui ; je laisserais les
parens demander vengeance, et j'at-
tendrais le jugement. . . .

Il me semble comme à vous,
madame, que M. de Bellemare ne
devrait pas se plaindre de ma lettre...
Je lui écrirai, puisque vous le desi-
rez ; et en vérité je ne sais trop que
lui dire , etc. etc.

Paris, Février 178.

Vous êtes le premier homme ,
monsieur, qui m'ayez écrit, *je vous
aime*. Comme vous, je n'avais jamais

c... l'amour que dans les livres ; et mon frère ne m'a jamais dit si je devais avouer mes sentimens, ou les dissimuler.

Je conçois qu'on peut être égoïste, inconstant, comme je sens qu'on peut être le contraire. Mais lorsqu'il importe à une jeune personne de s'assurer de la vérité, il me semble que le moyen le plus sage est de recourir à ses amis.

Je crois que madame la baronne badinait lorsqu'elle vous a dit que vous n'auriez pas réussi auprès d'elle. Pour moi, je n'aime pas les fous. Dans les livres que j'ai lus, j'ai réellement cru que les amans avaient perdu la tête ;...je vous assure que de pareilles gens ne me l'auraient pas fait tourner. . . . Je suis parfaitement de votre avis. . . Je crois même qu'on n'a eu recours à cette manière, et qu'on n'a dit beaucoup, que parce que l'on sentait très-peu, ou point du tout.... Ainsi c'est avec des mots et des phrases que l'on cache le vide de son cœur, que l'on pare la plus froide indifférence ; car, si j'ai bien lu, la mode et le bon ton exigent qu'un jeune homme soit ou paraisse amoureux de la première créature qui se rencontre sur son chemin. Je n'approuve point la mode ; je méprise le bon ton.

Je serais désespérée de servir d'amusement au plus aimable des hommes... Mais aussi un homme sensé ne saurait s'aveugler au point de se croire aimé, s'il ne l'est pas. Une femme qui se respecte, saura toujours bien détromper un fat.

Je vous ai dit, monsieur, que ma reconnaissance pourrait aller bien loin, mais qu'elle s'arrêterait à la voix de mon frère. Dois-je donc vous en dire davantage ?....

Je suis inquiète, au-delà de toute expression, par rapport à notre malheureuse affaire. Vous savez mieux que moi, ce qu'un homme d'honneur doit faire en pareil cas : il me semble cependant qu'on devrait repousser la calomnie, répondre au moins à quelques-uns de ces innombrables libelles qui peuvent influer. Votre silence ne pouvait-il pas être mal interprété ? Je ne me consolerais jamais si j'étais la cause.... Réfléchissez, monsieur, vous savez d'ailleurs que nos intérêts et les vôtres sont et doivent être les mêmes, etc.

Paris, Février 178...

Que faites-vous, mon cher Auguste? Auriez-vous oublié votre Henriette ? Combien de temps vous avez passé sans lui écrire !.... Quels chagrins on m'a causés depuis votre départ ! Mme Deslandes vous aura tout écrit... J'ai reçu une lettre de la baronne, qui m'afflige beaucoup ; je ne conçois pas comment elle peut craindre

2.

G

pour son neveu. Elle me prie de lui écrire, de l'engager à répondre aux mémoires que l'on publie contre lui... Pourquoi ? les juges ne savent-ils pas ce qu'ils ont à faire ? N'avons-nous pas des loix ?... Je laisserais les gens crier à leur aise... Je lui écrirai pourtant, et vous enverrai encore ma lettre pour que vous la lui remettiez si vous le jugez à propos.

Je ne vis qu'à demi, mon cher Auguste, revenez bien vîte. Ma raison me dit que nous n'avons rien à craindre ; et mon cœur est dans la détresse...Je suis tourmentée ;... je ne veux plus voir personne : ... la société me révolte ; ... ce n'est qu'égoïsme, faussetés... Je ne reçois que Plainville.

De Calmont, Février 178...

Mille grâces, mille pardons, ma charmante, mon aimable Henriette... Je finissais à peine votre lettre, lorsque le comte est entré... Il a remis votre paquet à mon pauvre neveu. Henriette, je vous dois beaucoup : ma bien-aimée Henriette, vous êtes ma consolation. J'ai vu le sourire du plaisir sur ses lèvres décolorées : ses yeux éteints ont brillé pour la première fois, depuis son retour de Paris, et moi, j'ai versé des larmes de joie, des larmes délicieuses . . . Les jours de bonheur peuvent encore renaître, et ce sera à vous que je les devrai. Ma vie est attachée au bonheur de mon neveu : il me tient lieu de tout ; j'ai réuni sur lui toutes les affections de mon cœur.

Mon neveu n'a pas un vice ; mais ses vertus lui feront des ennemis.... Ses vertus ne sont pas de celles qu'il faut dans la société actuelle. Les hommes, ma chère Henriette, n'aiment pas la supériorité dans les autres : l'égalité même de talens les humilie. Un caractère ferme et prononcé, des principes de morale, ne font pas fortune de nos jours.....

J'estime mon neveu ; je serais fâchée qu'il fût autrement : cependant je ne saurais me dissimuler qu'il aura besoin de ma Henriette ;.... elle lui dira : « *il faut mépriser cela, M. de Bellemare.* » La douce , la persuasive Henriette jugera à propos de faire telle ou telle démarche, et mon excellent neveu goûtera un double plaisir à satisfaire les desirs de sa jeune amie. O Henriette ! que ne vous devrai-je pas ?

Il a dit : « puisque mademoiselle de Sauville le veut , il faut donc écrire, brouiller du papier , faire des mémoires, pour répondre aux invectives, aux calomnies... Heureusement nous ne sommes plus au temps de Calas. »

Votre frère lui a répondu : mon cher chevalier, du temps de Calas, le fanatisme aveuglait; de nos jours, l'argent et la scélératesse ne sont pas moins à craindre.

— Mon cher comte, ou je suis coupable, ou je suis innocent. Si je suis coupable, je suis aussi trop fier pour vouloir acheter un pardon ou le solliciter. Si je suis innocent, il y aurait de la bassesse et de la sottise à m'inquiéter, et à solliciter les juges. »

— M. de Bellemare, il faut voir les hommes tels qu'ils sont, et non pas tels qu'ils devraient être. Il y a de la sagesse à se mettre à leur portée... Il y a même une espèce de grandeur à se rapetisser en quelque sorte avec eux. Nous ne sommes plus fanatiques; nous en sommes bien loin : en sommes-nous meilleurs ? Si tous les hommes vous ressemblaient, votre conduite actuelle serait ce qu'elle devrait être. Il faut défendre sa réputation, et ne pas donner aux scélérats le temps de la noircir... Que gagna Socrate à

mépriser ses ennemis ? cependant il
était innocent.

J'ai embrassé le frère de ma Henriette. Mon neveu gardait le silence...
Mais, vous m'avez entendue, n'est-
ce pas, ma charmante amie ?

Nous partons dans quinze jours...
Il est trop cruel d'être si long-temps
éloignée de vous... Adieu, mon ange,
etc. etc.

———————

Versailles, Décembre 178...

Ma chère madame Deslandes, pré-
parez mon infortunée sœur aux coups
dont le sort la menace. Bellemare
est arrêté. Nous n'avons eu, la baronne et moi, que le temps de nous
jeter dans une voiture, et d'accourir à Versailles. Elle voulait parler
au roi ; mais les chagrins tuent à son
âge. Je tremble pour sa vie, elle est
dans le plus grand danger. Amenez
ma sœur avec vous ; nous devons
tout faire, tout tenter pour cette res-

pectable dame. Quand vous serez
avec elle, je volerai vers mon malheureux ami.   AUGUSTE DE S....

Versailles, mars 178...

Du courage, monsieur, votre tante
est un peu mieux. Je ne la quitterai
pas qu'elle ne soit hors de danger :
elle était trop faible pour pouvoir
lire votre lettre; elle me l'a remise en
me priant de lui en faire lecture.
La tendresse que vous lui témoignez
lui a fait verser des larmes.

« Ecrivez, m'a-t-elle dit, écrivez,
mon ange, à mon pauvre neveu;...
rassurez-le sur mon état. Je parlerai
au roi; la cabale ne triomphera pas,
ou je perdrai la vie. »

Des parens qu'elle ne connaît
presque pas, s'empressent beaucoup
autour d'elle. Il me semble qu'elle
est assez indifférente sur leurs soins,
et sur les mouvemens qu'ils se donnent. Mon frère vous en dira davan-

tage. La fortune de votre tante ne peut vous être disputée : son testament est fait depuis long-temps , et vous devez être tranquille à ce sujet.

Je vous engage, de toute mon ame, à vous roidir contre la mauvaise fortune, et à ne pas vous laisser abattre. La tempête finira;... vos amis ne vous abandonneront point.

J'ai pris mon parti; on dira tout ce que l'on voudra.... Si quelque chose pouvait influer sur mes sentimens pour vous, comptez que mon attachement deviendrait plus affectueux, à mesure que la fortune s'acharnerait plus rigoureusement.

————————

Versailles , mars 178...

Plainville vous remettra ma lettre, mon cher Auguste; unissez - vous avec lui. Notre ami aura bientôt besoin d'une double résignation : les médecins gardent le silence. Le délire ne cesse point : ... je désespère.

Les parens commandent en maîtres ; ils ne dissimulent plus : hier
ils disaient à madame Deslandes que
M. de Bellemare n'avait rien à espérer de la fortune de la baronne ; ....
qu'il n'y avait pas de testament qui
pût les priver d'un bien qui leur appartenait, et dont la baronne n'était
qu'usufruitière ; qu'ils sauraient bien
faire valoir leurs droits.

... Nous sommes assez riches, mon
cher Auguste, pour nous et pour
lui ; ... et si M. de Bellemare veut
m'en croire, il renoncera à plaider,
pour peu que l'affaire soit douteuse.

Je ne veillerai pas cette nuit ;
madame Deslandes ne le veut absolument pas.

Paris, mai 178..

Non, angélique amie, non, la
perte d'une fortune que j'avais tou-

G..

jours regardée comme la mienne, ne me touche nullement. Les douces assurances que vous ne cessez de me donner de votre affection, l'amitié constante de votre frère, celle de Plainville, remplissent entièrement mon cœur. On a pu casser le testament de ma tante; mais je ne l'oublierai jamais : je ne m'étais point accoutumé à l'idée de la perdre. Son âge, ses imfirmités, me la rendaient plus chère. C'était pour me délivrer qu'elle surmontait sa faiblesse et ses maux; et mes malheurs l'ont fait descendre douloureusement dans la tombe. Ne craignez pas de m'affliger en me parlant franchement de l'état de mes affaires. La perte de ma liberté ne peut être que momentanée : je suis innocent, on me rendra ma liberté.

Je vous envoie un billet anonyme, qui vient de m'être remis ; j'y joins ma réponse. O Henriette ! ces gens-

(155)

Il ne vous connaissent pas.... Ils m'estiment bien peu , puisqu'ils me croient capable de. . . . .

BILLET.

Vos infortunes ont vivement af-fecté une personne qui desire votre bonheur. La maison de Sauville ne peut rien pour vous.... Votre sort est très-incertain :.... vous pouvez languir long-temps , et la justice n'est pas toujours du côté de l'innocence. La prudence doit tout prévoir et chercher à prévenir un plus grand malheur. Fuyez , ... on vous en donnera les moyens....La reconnais-sance ne sera peut-être pas un devoir, un fardeau ;....un autre sentiment plus doux la remplacera :.... réflé-chissez bien....Vos amis ne sauraient trouver mauvais que vous ayez se-coué le joug de l'injustice. ... Dites oui, et dans quinze jours vous aurez recouvré la fortune et la liberté ; il ne tiendra qu'à vous de trouver aussi le bonheur.

RÉPONSE.

Un coupable, sans ame, qui redoute un juste et inévitable châtiment, s'échappe pour conserver une vie déshonorée. L'innocent défie la fortune, et attend avec résignation le jugement qui doit le rendre à la société détrompée. La maison de Sauville peut tout, est tout pour moi. Si je pensais autrement, on devrait s'attendre que la reconnaissance deviendrait un fardeau.

Qu'est-ce que la reconnaissance d'un homme sans caractère, qui aurait manqué à la confiance, répondu à la tendresse de ses amis impliqués dans une disgrace momentanée, par une fuite honteuse?.... J'ai réfléchi, je reste.

Paris, avril 178...

Je vous renvoie vos deux billets , mon cher et malheureux ami. Plainville et mon frère les ont lus : écoutez, Plainville...

« Bellemare ne se douterait jamais d'où lui vient ce billet... Je vais vous le dire..... Ma chère tante, la marquise de Baisieux , vit Bellemare , pour la première fois , le jour qu'il fut arrêté. Ma tante est devenue généreuse par amour... Je gage sur ma tête que c'est elle qui a fait écrire ce billet à notre ami... Je serais assez de son sentiment; Bellemare ferait bien de fuir; mais je ne voudrais pas qu'il dût sa délivrance à ma tante... Je la condamne à mourir *veuve*, tant qu'il n'y aura que Sauville et Bellemare qui lui plairont... »

Mon frère et Plainville ont changé bien vite de sentiment... Mon ami , on ne me dit pas tout... Ils paraissent desirer que vous fuyiez :... fuir ! c'est s'avouer coupable ;.... ce n'est pas mon sentiment... Oh ! non, vous ne fuirez pas : la mort, plutôt que le déshonneur...... Votre réponse au billet eût été la mienne ; je n'avais pas besoin que vous me l'envoyassiez pour vous apprécier. Mon ami, quand on aime à notre manière, ce doit être pour la vie.

Plainville veut vous faire part d'un projet ; mon frère et lui sont d'accord. Je ne sais ce que ce sera. S'ils m'en font un mystère, vous ne me le cacherez pas, vous ; n'est-ce pas, mon cher ami ?

Je ne croyais pas que vous connussiez la marquise. Est-ce bien elle qui vous a envoyé ce billet ? Quelle idée ! et à quelles conditions ? Si ce moyen eût été sage, aurions-nous attendu si long-temps ? Mon cher Bellemare, je pense comme vous ; on ne doit pas fuir quand on n'est pas coupable....Cependant mon frère et Plainville redoutent le jugement. On a écrit par-tout, en Italie, en Allemagne, en Angleterre, pour tâcher de découvrir celui qui s'est échappé : jusqu'ici on n'a encore entendu parler de rien. De la patience, du courage.

***

Paris, mai 178...

Je ne fuirai point, Henriette ; je ne fuirai point. Plainville est un homme généreux :... votre frère et Plainville peuvent avoir raison ; je ne peux que les aimer et les chérir. Il m'est impossible de me rendre à leurs desirs. J'attendrai.

Je n'ai vu la marquise qu'un moment. Ce serait la dernière femme à laquelle je voulusse unir ma destinée, supposé qu'il fût encore en mon pouvoir de choisir. La fortune, la beauté, ne sont rien à mes yeux : il me faut un cœur, ...ne parlons plus d'elle...Il n'est dans le monde qu'une femme pour moi.

J'ai remis mes billets à une espèce de valet-de-chambre qui est venu me demander ma réponse; je n'ai pas même songé à le questionner.

Je suis touché jusqu'au fond du cœur des peines que le comte et Plainville se donnent pour moi. Mais, vous, Henriette : songez à vous, mon aimable, ma douce amie...Il m'en coûte infiniment pour vous le dire : je le dois. Ne suis-je pas assez heureux quand vous daignez m'écrire ? Si c'est la marquise qui m'a envoyé ce billet, piquée de mon refus, elle en cherchera la cause, et quand elle saura les sacrifices que vous faites pour moi, quand elle aura découvert que vous venez quelquefois charmer ma solitude, partager mes chagrins, quels bruits, quels propos ne fera-t-elle pas courir !

ses nièces n'en deviendront que plus mordantes. O Henriette ! je ne veux pas d'un bonheur qui vous coûterait une larme.

———

Paris , mai 178...

Voici encore un billet. Je vous l'envoie, mon amie; c'est une femme qui me l'a remis : elle reviendra, dit - elle, chercher ma réponse dans deux jours. Je lui ai dit qu'elle pouvait s'en épargner la peine : elle ne m'a rien répondu, et s'est retirée.

BILLET.

Fuis, jeune insensé ! Qu'attends-tu de l'égoïsme ! Crois-tu le persuader par ton opiniâtreté que tu nommes vertu, et te faire entendre par une résignation que l'on regarde comme la preuve d'un crime réfléchi ?

« Fuis... et n'attends pas un jugement qui doit te faire connaître les

hommes ; qui doit te flétrir...Fuis...
on ne te demande pas même de la
reconnaissance : tu ignoreras à jamais
le nom de ton bienfaiteur ; tu ne seras
jamais forcé de repousser sa main.
Tu n'as pas battu les sentiers iné-
gaux et tortueux de la cupidité...
Tu as voyagé !...Où as-tu vu que la
vertu fût en honneur ; que l'innocence timide et craintive fut respec-
tée ?..Fuis : tu n'auras rien à rendre.
Un temps viendra où tu pourras
demander... Celui que tu n'as pas
voulu connaître jouira en silence de
te voir échappé aux embûches, aux
piéges ; de te voir rendu à la société
que tu estimes, parce que tu ne la
connais pas, et que tu méprises, parce
que tu as été trompé par l'illusion. »

Un moment après, j'ai eu la visite
du jeune duc de *** ; il était pâle,
défait, et m'a paru très-ému.

— J'arrive de l'autre bout de la France, mon pauvre Bellemare. Il n'y a que quelques jours que je sais vos malheurs ; je viens vous témoigner la part que j'y prends. Ces gens-là, mon cher, sont devenus fous ; puis-je faire quelque chose ?...Parlez hardiment.

— Je ne vois pas en quoi vous pourriez m'être utile , sinon de vous unir à mes amis pour retrouver cet homme que vous a servi.

— Il y a un siècle que je l'ai renvoyé ;. . . .est-ce que l'on n'a pas fait de recherches ?

— Sauville assure l'avoir vu chez vous quelques mois avant l'affaire... Quelques mois ne font pas un siècle, monsieur le duc ; on parle français en pareil cas.

— J'étais absent quand on est venu prendre des informations : mon père aura sûrement désigné le temps où je l'ai renvoyé ; pour moi je ne m'en souviens pas, d'honneur !

Je suppose que votre père vous aura écrit ce qui se passait.

— Non. Il m'a seulement dit à mon arrivée, qu'on vous avait arrêté; qu'on vous avait ôté votre bien, et je suis venu vous offrir mes services.

— On a fait des informations chez le duc;... je suis étonné qu'il ne vous ait rien dit.

— Bon ! Mon père ne pense plus qu'à Dieu ;... à peine ai-je pu lui tirer quelques nouvelles, par-ci, par-là.

— Il est clair que cet homme était à votre service peu de temps avant ce malheur ; vous saviez d'où il venait, ce qu'il était, pourquoi vous l'avez chassé, et vous voudrez bien sûrement le dire....

— De tout mon cœur... Il était dans mon régiment ;... je lui ai donné son congé, et me le suis attaché, parce qu'il était excellent chasseur...

Depuis je l'ai congédié, parce qu'il était un mauvais sujet ; . . . voilà son histoire.

— On sait tout cela, monsieur le duc ***, mais cela est bien général.

— Ma foi, je ne sais rien de plus particulier. Si je puis vous être utile d'ailleurs, dites - le moi ; me voilà tout prêt. Je n'ai pas encore eu le temps de voir personne ; et si vous le voulez, je creverai quelques chevaux pour visiter vos juges.

— Je ne puis que vous remercier de votre bonne volonté ; mais il me paraît que cela ne devrait pas être nécessaire. Je suis innocent, monsieur le duc, vous le savez bien.

Je le fixais ; il m'a paru agité ; mais il s'est remis avec cette facilité, cette aisance que n'aura jamais un homme simple, un homme coupable pour la première fois.

Je suis innocent ; il faut attendre.

— Bellemare !... Voulez-vous m'en

croire ?... Je connais ces gens-là...
Ils pendraient la moitié de Paris plutôt
que de rester ignorés ; ils veulent faire
parler d'eux à quelque prix que ce
soit ;...il leur faut des coupables ;...
ne fondez pas tant sur votre innocence,...êtes-vous donc si novice?...

— Je ne vous entends pas... Que
feriez-vous à ma place ?

— Mon cher, je n'exposerais point
ma tête. Je ne crois point du tout à
l'intégrité de ces messieurs...Je fui-
rais,...écoutez-moi,...je suis votre
ami,...on vous a ruiné,...ce n'est
rien,...prenez mille louis ;...nous
trouverons bien le moyen d'endormir
les Cerbères ;...répondez...

— Je ne vous remercie pas ; cela
est inutile ; vous savez combien j'estime la générosité ;...j'attendrai.

— Adieu : vous réfléchirez ; je
verrai vos juges, je reviendrai.

Ma Henriette apperçoit-elle des
rapports entre ce que le duc vient

de me dire, et le billet que je lui envoie?... Cette espèce d'hommes connaîtrait-elle le remords? Laissons-les s'agiter, se tourmenter,...je reste inébranlable dans mes principes.

On m'a averti que je serais jugé sous peu de jours;...je suis aussi tranquille que lorsqu'on m'arrêta; je n'ai encore éprouvé jusqu'ici aucun désagrément personnel. Je suis fâché que Plainville ne soit pas encore de retour.

Que faites-vous, ma Henriette?... Vous êtes devenue seule;...votre sensibilité, votre délicatesse, ont encore ajouté à vos malheurs;..vous craignez de vous épancher...Vous avez perdu votre amie; elle ne vient plus sécher vos larmes, ou les arrêter lorsqu'elles sont prêtes à couler. Vous respectez les chagrins de votre frère; et vous concentrez les vôtres.... Vous craignez en lui montrant votre cœur, d'exaspérer ses maux. ..Vous

êtes devenue seule...Ô Mme Deslandes ! douce et sensible amie !...
Ma Henriette, si vous pouviez être
heureuse, je croirais n'avoir rien
perdu...Je crois que je pardonnerais
à mes ennemis, si leur atroce méchanceté n'avait attaqué que moi : mais
vous souffrez.

————————

De Paris, juillet 178...

L'espérance est au fond de mon
cœur, mon cher ami ; elle y restera
toujours avec la fermeté...Vous le
dirai-je ? Rien au monde ne peut
m'enlever ces deux aimables compagnes de mes malheurs....Vous cou-
rez, dit-on, à votre perte. Hé bien !
je serai perdue avec vous ; j'avalerai
jusqu'à la lie la coupe amère de la
honte et de l'injustice ; ils nous juge-
ront, car je suis coupable aussi, moi.
Cette fameuse lettre dont me parlait la marquise, ne m'était-elle pas

adressée, et quoique vous ne l'eussiez jamais écrite, n'a-t-elle pas aussi
laissé le soupçon déshonorant ?

N'attendez rien des promesses du
duc... S'il est coupable, il fait trop
peu ; s'il est innocent, sa conduite
n'est pas celle d'un homme....

La main qui a écrit le billet, était
tremblante, la pensée équivoque ;
cette manière d'écrire est intéressée.
Je ne cherche point à deviner si le
duc ou la marquise ont des remords :
les billets, et les offres du duc nous
compromettent également, ils doivent nous être également suspects ;...
il s'agit bien d'argent ;... cet homme-
là ne connaît de bonheur que de
respirer et d'avoir de l'argent...O
Bellemare ! nous respirons aussi,
nous avons aussi de l'argent !

Plainville s'est absenté pour nous...
Mon frère se surpasse ; il ne fut
jamais plus confiant, plus prévenant ;
mon frère ne craint pas de prononcer

le nom de son ami devant, sa sœur.
O Bellemare ! vous n'avez pas tout
perdu... Non, non, vous n'avez pas
tout perdu , il vous reste des amis...

M. Desgrieux n'est plus ;... l'infor-
tuné ! Il n'a pas même eu la dernière
consolation de pouvoir pardonner à
ses filles...Bellemare ! Elles étoient à
l'opéra,... et leur malheureux père
luttait depuis trois jours contre une
mort prématurée...Je ne me permettrai pas de réflexions ; mon frère m'a
assuré qu'elles étaient les élèves de
la marquise en philosophie... Mon
cher Bellemare ! est-on philosophe
quand on a des mœurs , quand on
respecte la religion , et qu'on est
soumis à ses dogmes , quand on est
bon, généreux, sensible,... et qu'on
se résigne avec humilité aux décrets
de la Providence ?...S'il en est ainsi,
vous êtes philosophes tous deux,
vous et mon frère... On tournait
donc en ridicule M.me de Baisieux et

ses nièces, lorsqu'on disait qu'elles étaient philosophes. Quel abus des termes !....

La marquise part pour l'Angleterre,.... que le bonheur l'y accompagne.....

Fin du cahier de Henri.

CHAPITRE XXXI.

Un malheur.

Monsieur de Kerbonne était bien éloigné de vouloir aggraver les maux des malheureux confiés à sa vigilance; il leur donnait au contraire autant de liberté qu'il le pouvait, sans troubler l'ordre établi à bord de son vaisseau. Quand le temps était beau, il les faisait monter sur le pont, pour y respirer un air plus pur, et se distraire de leurs chagrins. Il en distinguait même quelques - uns qui avaient la liberté d'aller et de venir en tout temps. Parmi ceux-ci était cette infortunée que j'avais vu déshonorer, par le bourreau, quelques jours avant notre départ. Les circonstances où je me trouvais alors, l'état de mon ame, affectée de mille sensations contraires et nouvelles, la punition infamante qu'on lui avait infligée, m'avaient singulièrement attendri sur son sort. Sa personne ne ne me faisait jamais naître l'idée d'un crime réfléchi, habituel : je la regardais plutôt comme une victime déplorable de la perversité du siècle.

Elle était toujours seule, quelquefois assise, souvent appuyée contre les bastingages, les yeux fixés sur les flots qui se brisaient contre les flancs du vaisseau. Une douleur profonde était empreinte sur sa figure ; mais l'ensemble de ses traits annonçait qu'elle avait été d'une grande beauté. Je lui envoyais quelques morceaux, du vin, du pain frais ; elle s'inclinait sans prononcer une seule parole, cachait le tout dans son tablier, et se retirait sur l'avant, ou dans l'entrepont. J'avais eu vingt fois envie de l'interroger ; je ne sais encore, dans ce moment, ce qui m'en empêchait.

Un matin, nous étions tous réunis. à déjeûner, lorsque nous entendîmes un bruit confus sur le vaisseau, qui décrivit rapidement une ligne courbe et ralentit sa marche : nous sortîmes sur le pont pour voir ce dont il s'agissait. Un homme s'était jeté à la mer ; .... c'était un des prisonniers condamnés à l'exil.. Je vis cette infortunée femme se rouler sur le pont, et tordre ses bras dans la plus violente agitation. On la transporta dans l'entrepont. La mer était grosse : le vent devenait plus fort à chaque instant ; il fut impossible de rejoindre le malheureux qui venait de se noyer. Il avait donné un rouleau de papiers à un matelot qui travaillait sur le gaillard-avant, et l'avait prié de le porter à M. de Bellemare. Pendant l'absence du matelot, il s'était précipité. La pauvre femme, que je soulageais de temps en temps, avait donné l'alarme par ses cris.... Dans

le moment même où nous sortions de
la chambre, le matelot remit le paquet à Bellemare : nous nous reti-
râmes dans sa chambre, avec le capitaine, pour lire cet écrit.

A monsieur de Bellemare.

Quand vous lirez ceci, monsieur,
je ne serai déja plus. Je vous ai reconnu dès le lendemain de notre départ : jugez du tourment que votre
présence me faisait éprouver, puisque j'ai préféré la mort à quelques
mois de séjour sur un vaisseau où je
voyais sans cesse un homme estimable avili, outragé par ma scélératesse. J'aurais pu vous épargner tous
les chagrins que l'imbécillité ou la
basse cupidité de vos juges vous ont
causés ; mais je redoutais la vengeance du duc de ***, et je tenais encore à la vie. Le moment n'était pas
venu où je devais appercevoir l'abyme

que j'avais creusé moi-même... Accablé de honte, déchiré de remords, je vous écris à la place d'où je me précipiterai. Cet écrit sera une sorte de réparation, la seule, hélas ! qui soit en mon pouvoir. Cinquante années de la vie la plus active, et consacrée au bien public, ne sauraient compenser mes égaremens, mes crimes. Je suis devenu odieux à moi-même:... il n'est point d'action qui puisse m'ôter le sentiment de ma bassesse, qui puisse endormir le ver qui me déchire le sein. Je n'implore point votre pardon, j'en suis indigne : oh ! vous n'êtes pas le seul que j'aie outragé. Il n'y a aucun pardon à espérer pour moi, ni de Dieu, ni des hommes.... Je me riais de l'éternité, et l'éternité va m'engloutir....

Publiez cet écrit, monsieur, je le signerai de mon sang. Malheur à celui qui me lira sans frémir ! Malheur au père de famille qui ne lira pas ce déplorable récit à ses enfans , dans l'âge de la docilité , où les passions n'ont encore pu corrompre leurs jeunes cœurs ! .... Avant de commencer la pénible tâche que je me suis imposée, permettez-moi, monsieur, de chercher à vous attendrir en faveur d'un objet digne de compassion, de l'infortunée que votre ami se plaît à soulager d'une manière si délicate , si généreuse... Elle partageait tout avec moi, avec un monstre qu'elle ne pouvait haïr , qu'elle ne connaissait pas ; souvent elle se privait pour moi. . . . J'étais souffrant. Veillez sur ses jours.. Consolez la plus douce , la plus malheureuse des femmes ; elle est encore digne de vos soins ; elle fut votre égale par sa naissance , par ses mœurs ;... mais je la connus....

Le chirurgien nous avertit que l'infortunée venait d'expirer dans des convulsions épouvantables... On n'avait rien trouvé sur elle...Elle n'avait

H..

pas articulé une seule parole depuis son embarquement ; personne ne l'avait vue manger.

Bellemare était immobile :... le capitaine levait les mains au ciel.... Je pris le papier, et je continuai de lire.

Les aveux du remords.

J'étais né pour la vertu ;... à quoi tient le bonheur ? J'étais aimant : j'éprouvais souvent ces sensations douces et pénibles qui pénètrent intimement au récit d'un trait noble, généreux, et font couler les larmes, ou allument le feu de la colère et de l'indignation quand un être injuste a mal usé de ses forces, a écrasé l'innocente faiblesse. Heureuses dispositions ! O doux et paisibles momens de ma tendre jeunesse ! votre souvenir m'arrache des pleurs de sang, me déchire ! J'ai passé le plus beau temps de ma vie dans la tourmente des passions, dans le délire de l'orgueil ; je me suis entouré de chimères ; j'ai épuisé la coupe empoisonnée que je pouvais rejeter ;...j'ai souillé ma vie...Malgré mes crimes, je n'ai jamais pu secouer le joug de la justice innée, éternelle ; je dois, je rendrai hommage à la vérité,... je dirai mes crimes, je dirai ma vie. Puisse cet aveu, l'aveu du remords,, être utile aux hommes, et venger l'innocence !

———

Mon père était un cultivateur peu aisé. Dans son esprit, l'état le plus malheureux était celui de laboureur : il voulut me rendre heureux, et me destina à la prêtrise. On estimait beaucoup un prêtre dans notre village ; on ne faisait aucune attention aux sacrifices continuels qu'il devait faire, aux devoirs pénibles de son état ; on ne voyait que son revenu ; ses travaux paraissaient si faciles ; pour moi, je n'avais ni penchant, ni aversion pour cet état. Notre curé m'enseigna les élémens de la langue latine ; mais son âge et ses infirmités l'empêchèrent de me mettre en état d'entrer au séminaire. De concert avec ma mère, mon père redoubla de peines, de travaux, d'économie, pour me donner les moyens d'achever mes études ; et mes frères durent prodiguer leurs sueurs pour l'avancement de leur aîné. On résolut de m'envoyer chez un ancien ami, qui tenait une grosse pension dans un bourg à trois lieues de notre village.

Dans les campagnes où les occupations remplissent tout le temps, où les jours de fête ne sont pas toujours exempts de travaux, les passions ne fermentent guères ; en général la nature tardive ne devance pas les années ; mais je me suis convaincu

que de nos jours les petites villes , les
bourgs mêmes , ne sont pas moins
débordés que les capitales. J'avais
seize ans lorsque je vins demeurer
dans le bourg de L***; j'étais grand,
bien fait , *je promettais de devenir
un bel homme...* C'est ainsi que s'ex-
prima la marquise de L***, qui
croyant n'avoir rien de mieux à
faire, passait une partie de son temps
à visiter les habitans du bourg. Tous
les jours de fête , les écoliers , et quelques demi-bourgeois s'assemblaient
dans la cour du château , et l'on dan-
sait avec les filles de l'endroit , souvent les jeunes marquises se mêlaient
avec nous. Je sentais que j'étais gauche ; je m'abstins de paraître jusqu'à
ce que je fusse en état de danser ; un
soldat en semestre fut mon maître....
Je surmontai ma timidité , je dansai
avec Mlle Clémence , c'était l'aînée
des filles de la marquise; je plus au-
delà de toute expression ; j'enlevai

tous les suffrages. Je fus invité avec
deux de mes camarades à goûter au
château : je revins silencieux, distrait ; je ne dormis point, je courus
toute la nuit aux environs du château.

Je n'essaierai point de dire ce qui
se passait en moi, j'étais alors bien
éloigné de lchercher à le découvrir.
Mes habits me parurent d'un drap
grossier, mes souliers mal faits. Je
regardais avec envie, avec chagrin,
deux de mes camarades, qui étaient
costumés à la mode de la ville : il y
en avait beaucoup. Je crus m'appercevoir qu'on me méprisait à cause
de ma pauvreté, et j'eus la pauvreté
en horreur. Mon père venait me
voir régulièrement tous les mois ; je
me plaignis amèrement du prétendu
mépris que l'on avait pour moi ; je
lui fis entendre combien il m'était
dur d'être l'objet des continuelles
plaisanteries de mes camarades ;
d'être sans cesse humilié à cause

de la manière dont j'étois vêtu ; ...
à ces mensonges j'en ajoutai beaucoup d'autres de même genre, et
mon pauvre père eut la faiblesse de
se prêter à mes folies. Il engagea un
morceau de terre, et se priva du
nécessaire, lui et sa famille, pour
satisfaire les caprices d'un insensé.

A peine fus-je habillé, que j'eus
la sotte vanité de me présenter au
château, sous quelques prétextes,
aussi ridicules que grossièrement ima-
ginés ; pour comble de malheur, je
fus bien reçu. La marquise me fit
asseoir, me caressa, m'interrogea
sur ma famille, sur nos moyens :
autres mensonges de ma part ; elle
parut contente de mes réponses, et
dit à une dame qui était avec elle :
il est charmant, d'honneur, il est
charmant ; ce serait un meurtre que
de laisser ce bel enfant au village.
J'entendis tout ;... les jeunes demoiselles entrèrent ; l'aînée me reconnut,

me salua avec ses graces ordinaires, et dit à la marquise : maman, il me vient une idée : si le chevalier veut se faire prier, M. Eugène, (c'était mon nom) pourra bien le remplacer; qu'en pensez-vous, chère maman? — Nous verrons, ma fille, nous verrons ; attendons encore.

Je me retirai, brûlé du desir de savoir ce dont il s'agissait. Clémence me reconduisit jusqu'à la porte de l'appartement, et me dit : je vous ferai avertir, M. Eugène....Je voulus fermer la porte, ma main toucha la sienne, l'électricité ne produit pas un effet plus rapide...Je lui avais tenu la main cent fois en dansant; elle parlait peu alors, elle était plus timide, et je ne pensais qu'à l'honneur de danser avec elle.... Je respirais à peine en retournant à la pension ; je pleurais à chaudes larmes, je ne marchais que par bonds, je m'arrêtais, je sautais, je sentais encore sa main sous la mienne, mes doigts frémissaient de plaisir. Je fus tellement inquiet, agité pendant huit jours que je perdis entièrement l'appétit…Je ne pouvais m'appliquer à rien ; je maigrissais, je dépérissais à vue d'œil…On me fit appeler enfin, je manquai de devenir fou.

On voulait jouer une comédie ; le chevalier sur lequel on se reposait était dangereusement malade. On ne pouvait plus attendre, le marquis arrivait de l'armée, c'était une fête qu'on lui préparait. On me donna mon rôle, j'eus ordre de revenir aussitôt que je le saurais. Je volai dans un bois, je sus mon rôle le soir même ; je le répétai vingt fois pendant la nuit. Le lendemain on cria au miracle ; pendant une heure il ne fut question que de ma prodigieuse mémoire ; le tailleur me prit mesure. On m'exerça, on m'enseigna quelles attitudes, quels gestes je devais avoir. Je jouais le rôle d'un amant, ce ne fût bientôt plus un jeu ; je n'étais plus timide. Dans nos répétitions, qui devinrent trop fréquentes, je disais à Clémence que je l'aimais, je lui répétais les choses les plus tendres, et selon son rôle, elle devait elle-même me témoigner la plus vive ardeur ; hélas ! elle me mettait hors de moi-même, elle m'embrâsait. Je revenais à la pension dans un état qui aurait fait ouvrir les yeux du maître, s'il eût été moins indifférent sur la conduite particulière de ses élèves. J'avais absolument abandonné mes études. Je parcourais sans cesse les bois, les champs : à chaque endroit qui plaisait à mon imagination, je déclamais à perdre haleine, et je ne rentrais que fort tard dans la nuit ; à peine me voyait-on à l'heure des repas. Mon maître se contentait de me faire quelques froides remontrances, et m'abandonnait à moi-même ; . . . je sus depuis qu'il avait écrit à mon père.

Un jour de congé, que le maître
de pension était absent, et que mes
camarades étaient à la promenade,
épuisé de fatigues et de besoin, je
rentrai de bonne heure. Je m'étais
jeté sur mon lit, implorant en vain
le sommeil. Annette, la servante de
la maison, entra dans ma chambre,
et me dit que mon père était venu
dès le matin, qu'on avoit été me
demander au château, qu'on m'avait
inutilement cherché par-tout ; que
dans l'après - dîner, mon père, ne
pouvant plus attendre, était parti
accablé de chagrin et les larmes aux
yeux...Je sentis le remords ; j'aimais
beaucoup mon père, le récit d'Annette m'anéantit. Elle me fit plusieurs
questions auxquelles je ne répondis
rien ; ennuyée de m'interroger en
vain, elle se retira jusqu'à la porte,
je ne sais si je fis quelque mouvement, ou si je dis quelque chose, mais
elle accourut à moi, me serra dans ses

bras, et me mit en feu par ses caresses et ses baisers. J'étais dans un état indéfinissable... La voix du maître me rappela à moi-même ; je sautai par la fenêtre, et je courus me cacher au jardin. J'entendais les battemens redoublés de mon cœur ; une sueur froide ruisselait de tous mes pores ; je ressentais des mouvemens convulsifs, des douleurs aiguës. Je pensai à Clémence, à mon père : un torrent de larmes inonda mon visage, je fus un peu soulagé.

En revenant par une porte de derrière, j'apperçus le sous-maître qui rodoit autour de la grange, ... puis Annette, qui entrait en regardant autour d'elle, ...elle me parut inquiète. Je soupçonnai un rendez-vous, je me glissai et les apperçus tous les deux au travers d'une fente... Je fus perdu, ... le voile salutaire était déchiré, ...j'étais homme, ...et le plus malheureux des hommes.

O mon père ! O vous qui m'ai-
miez si tendrement ; vous que j'ai
navré de chagrins, que j'ai fait descendre douloureusement dans la
tombe, pourquoi m'avez - vous fait
quitter l'état dans lequel la Providence m'avait fait naître ? Que ne me
laissiez - vous cultiver paisiblement
votre champ ? J'aurais connu la peine
du travail, mais j'aurais ignoré le
crime.

Le sous-maître se retira le premier,
Annette se rajusta et le suivit. J'é-
prouvai un calme, une tranquillité
qui m'étonnèrent. Je réfléchis : je mé-
prisai Annette. Clémence se présenta
à mon esprit avec tous les charmes
de la beauté, de la modestie et de la
candeur,.... elle me parut un ange ;
je lui adressai mes vœux comme à la
divinité.

Le lendemain, le château était
dans la désolation ; le fils aîné, arrivé
la veille, avait apporté la funeste

nouvelle de la mort du marquis. Si j'eusse perdu mon père, ma mère, toute ma famille, je n'aurais pas éprouvé un plus violent chagrin. Je ne connaissais pas le marquis, je ne l'avais jamais vu, et les sanglots me suffoquaient, mais il était le père de Clémence. Je passai quinze jours à déplorer le sort d'une famille étrangère ; et j'oubliai les chagrins que je causais à la mienne. J'aimais pourtant mes parens ; la passion m'aveuglait, me dominait.

Un de mes frères m'écrivit de me hâter, si je voulais encore voir notre pauvre père, qui me demandait sans cesse. Il me reconnut encore, me pressa les mains dans les siennes, je les arrosai de mes larmes. Hélas ! il ne les sentit pas couler ; j'avais le cœur brisé ; ...j'oubliai Clémence ; je quittai mes études ; je me consacrai entièrement à ma famille, et je travaillai à la terre... Un parent nous laissa son bien en mourant, nous fûmes plus aisés. Je vécus ainsi deux ans ;...si je ne fus pas parfaitement heureux, au moins je n'éprouvais plus ces passions turbulentes, ces agitations continuelles qui m'avaient rendu si différent de moi-même. Le souvenir de Clémence était pour moi comme un songe à moitié effacé ; mais j'étais mélancolique, je ne pouvais écarter l'image de mon père mourant ; mon cœur se resserrait alors, mes yeux se gonflaient ; j'étais bien loin d'avoir la paix de l'innocence.

Il y avait tous les ans une foire dans le bourg de L***, j'y fis porter quelques denrées. Je visitai mon maître. Annette était partie depuis long-temps, on ne savait ce qu'elle était devenue. La famille du marquis vivait très-retirée : le fils avait quitté le service et restait avec sa mère et ses sœurs à la campagne...Je crus qu'il était de mon devoir de leur présenter mes respects. Un secret sentiment, mêlé de honte, une sorte de répugnance m'arrêtèrent quelques momens. Qu'irai-je faire au château, me disais-je ? Que leur importent mes respects ? A quoi bon m'exposer à de nouveaux chagrins ? Ah ! retournons plutôt au village. Je n'étais pas éloigné du château : j'apperçus Clémence avec ses sœurs, elles rentraient. Sa taille, que je distinguai aussitôt, sa démarche noble et majestueuse, les graces inexprimables répandues sur toute sa personne, eurent bientôt bouleversé ma raison.... J'arrivai au château ;... je trouvai Clémence seule, elle se leva et vint à moi.

— Ah ! c'est vous, M. Eugène !... j'ai cru long-temps que vous nous aviez tout-à-fait oubliés , ou qu'il vous était arrivé quelque nouveau malheur.

Je lui racontai mon histoire.

— Effectivement vous n'êtes pas très-heureux ; . . . pour nous , nous avons tout perdu, . . . notre fortune est détruite, ... cependant j'ai beaucoup songé à vous. . . Pourquoi avez-vous quitté vos études, Eugène ? vous êtes fait pour parvenir ; cette augmentation de fortune mettait votre famille dans le cas de vous soutenir sans trop se gêner.

Je ne pus éviter mon destin. Je tombai à genoux, ... j'imprimai mes lèvres sur le fauteuil où je l'avois vue assise.

— Mon Dieu ! que faites-vous ? levez-vous, levez-vous, Eugène.

Elle marchait dans la plus grande agitation.

— Oh ! si mon frère entrait ! . . . Eugène , Eugène , levez-vous ! . . . Pourquoi donc cette émotion ? Pourquoi pleurez-vous, . . . Eugène ?

Elle essuyait elle-même ses larmes.

Je me remis un peu. La marquise

revenait du jardin avec ses filles ;...
je lui racontai quelques mensonges,...
elle me plaignit beaucoup , et m'engagea à venir la voir toutes les fois
que mes affaires m'appelleraient au
bourg. Je pris congé , et en me reti-
rant, je dis à demi-voix à Clémence,
qui était encore extrêmement émue:...
Clémence, dût-il m'en coûter le vie,..
je reprendrai mes études . . . — Que
dites-vous, Eugène ?.. — Je reprendrai mes études, divine , adorable
Clémence.

Elle baissa les yeux.

De retour à la maison, je ne pus
si bien dissimuler que ma mère et
mes frères ne s'apperçussent qu'il se
passait en moi quelque chose d'extraordinaire. J'étais accablé de honte
et de remords ; j'étais indigné contre
moi-même... Je devins sombre, dur,
injuste. Ma mère et mes frères, qui
m'aimaient beaucoup , touchés de
mon état , ne sachant qu'imaginer

pour me soulager, me conseillèrent
enfin de reprendre mes études. Je
n'osais le proposer moi-même. Je
sentais que je courais à ma perte ; la
honte me retenait ; on peut en impo-
ser aux autres, on ne se trompe
pas si facilement soi-même ; et malgré les noirs pressentimens qui m'ef-
frayaient, j'étais intérieurement décidé ; mais j'eus encore la fausseté, l'hypocrisie de me faire presser. Je voulus avoir l'air de ne céder qu'aux
raisons, aux prières de ma famille.
Hélas ! d'un seul mot j'aurais pu la
réduire au silence.

Je quittai donc pour la seconde
fois le paisible toît de mes pères ;...
j'abandonnai ma bonne, ma vénérable mère ; je ne devais plus la
revoir. Je vins encore m'établir chez
le maître de pension, et je repris mes
études. J'allais souvent au château,
j'y voyais Clémence, je n'en revenais
jamais sans avoir doublé le charme

qui m'attachait à elle. Pendant les premiers six mois, je fis des progrès étonnans dans mes études, je travaillais le jour, je passais les nuits à lire. Sous prétexte de mon instruction, la marquise qui me voulait beaucoup de bien, m'avait donné pleine liberté de visiter la bibliothèque, et d'en emporter les livres dont je pourrais avoir besoin.

J'admire encore l'imprudence de cette mère, si bonne, si estimable d'ailleurs, et qui aimait ses enfans par-dessus tout. Ses filles s'amusaient souvent à feuilleter les livres où elles trouvaient des estampes,...elles pouvaient se corrompre sans retour. Les rayons étaient profonds : en dérangeant quelques livres classiques dont j'avais besoin, j'apperçus un second rang ; c'étaient des romans : leur titre piqua ma curiosité, et je me souillai l'imagination. Je sus bientôt par cœur ce que le cynisme le plus obscène, le plus révoltant a vomi depuis un siècle. Ma curiosité devint insatiable, j'épuisai la bibliothèque... Je ne ferai point de réflexions, je ne me permettrai pas même de peindre l'effet que produisirent sur un jeune homme de dix - neuf ans des objets, des tableaux aussi nouveaux, aussi irritans. Mon imagination était souillée : mon cœur n'était pas encore corrompu ; j'avais lu ; mais en lisant, j'avais rougi, je rougissais encore en y pensant.

Je parcourus un *systéme de la nature*, un *philosophe de la nature*, je dévorai un *livre de l'esprit*, un livre de *l'homme*, etc. *un contrat social*, *un vicaire savoyard*...Je pris pour des raisonnemens très-profonds, très-concluans, quelques dégoûtantes tirades contre la religion, quelques sanglans sarcasmes contre les prêtres... Je lus l'histoire, et chose étonnante, je détestai les hommes, j'eus honte d'être homme. Un ouvrage de métaphysique me tomba sous la main, je n'en compris que ce qui étoit analogue à l'état actuel de mon ame, je l'admirai.... J'en parcourus un autre, dont l'auteur avait écrit 500 pages pour prouver qu'il n'y avait ni Dieu ni ame, qu'après la mort tout était fini. J'en conclus que cette vie était affreuse pour les bons et pour les faibles ; je regardai comme des insensés, comme des fous, ceux qui se sacrifiaient pour ce qu'on appelle le bien public , qui renonçaient à leurs goûts, à leurs penchans les plus doux , à leur bonheur enfin, pour satisfaire l'orgueil exclusif et les caprices de quelques scélérats en place ; car d'après mes lectures, tout homme riche , tout homme en place , était à mes yeux un scélérat , un monstre.

Je devins métaphysicien : j'interrogeai la divinité, ... je l'interrogeai

La religion, ses cérémonies, ses mystères, ne furent plus pour moi qu'un ramas grossier d'impostures inventées par des ambitieux, la morale qu'un être de raison, que le songe de quelques fous, bonne tout au plus pour des ignorans électrisés ; je me croyais profondément instruit ; je n'avais pour objet de comparaison que le cri de ma conscience ; mais je l'étouffais, et comme les enfans, je criais plus fort pour ne pas entendre ses importuns et continuels avertissemens.

Je devins matérialiste, athée ; ... le mot philosophie ne me sortait plus de la bouche. Dieu et nature furent pour moi synonymes : et mes desirs, mes passions étaient le vœu sacré de la nature.

Cependant mon cœur n'était pas moins agité, moins bouleversé que ma tête. Clémence était ma divinité réelle : je la suivais par-tout ; par-tout je la retrouvais. Oh ! si Clémence avait connu ce qui se passait en moi ! si elle avait su quelles étaient mes occupations nocturnes !... Je n'ai point le droit de me plaindre, j'ai moi-même ourdi la trame de mes maux... J'aurais souffert la mort plutôt que de lui laisser soupçonner le débordement fougueux dans lequel je me laissais entraîner.... Auprès d'elle j'étais un amant timide, soumis, dévoué ;....j'étais un esclave capable de tout ; un mot, un regard m'eussent fait commettre un crime, m'eussent fait chérir la vertu.

Il y avait des momens où ma conscience prenait plus d'empire, où je me reprochais avec amertume mes égaremens, ma mauvaise foi... Je voulais me précipiter aux pieds de Clémence ; je voulais retourner vers ma mère, lui dévoiler entièrement l'état de mon cœur ;... une fausse honte me retenait ; je m'exagérais le chagrin que je lui causerais si je frus-

trais ses espérances, et je m'enfonçais dans le tourbillon de mes passions pour y oublier les remords,
pour y chercher le calme !

Le jeune marquis était un homme
orgueilleux, fier de son rang,... dur,
intraitable avec ses inférieurs... Il ne
me voyait pas avec plaisir; il m'en avait
plusieurs fois donné des preuves. Mais
sa déférence pour sa mère l'avait jusqu'alors empêché de me maltraiter ;
et les caresses de la marquise, les
élans de tendresse que je surprenais
dans son aimable fille, me dédom-
mageaient bien des humiliations qu'il
me faisait essuyer.

J'étais sur mon départ : je devais
me rendre le lendemain au sein de ma
famille, et delà au séminaire. Je vins
vers le soir au château rapporter quelques livres et prendre congé. Une
domestique me dit que la marquise
était à quelques lieues avec ses deux
cadettes, le marquis à la chasse, Clé-

mence au jardin ; je courus à la bibliothèque pour remettre mes livres.
Quel fut mon étonnement d'y trouver Clémence ! Elle était assise dans
l'embrâsure d'une croisée ; sa tête
appuyée sur une de ses mains, l'autre
pendait négligemment à son côté :...
elle me parut plongée dans la plus
profonde rêverie :.. elle ne m'avait pas
entendu entrer, la porte était ouverte ; je la fixai un instant, quelques
larmes coulaient le long de ses joues...
La passion m'aveugla entièrement ;...
je me précipitai à ses pieds, j'em-
brassai ses genoux, je couvris sa main
de baisers enflammés... Tout-à-coup
une porte d'à-côté s'ouvre, Clémence
pousse un cri aigu ; un coup violent
me renverse sur le parquet ;...je me
sens traîner par les cheveux dans
l'appartement, sur les escaliers, dans
le vestibule ; je reviens à moi, la
douleur, la rage, la fureur, le désespoir s'emparent de mon ame, je me

relève avec une force extraordinaire,
je saisis mon bourreau, je le renverse, la plus terrible vengeance...
Clémence accourt et se précipite sur
moi ;....je quitte son cruel frère et
je m'échappe.... Je tombe à genoux
sur le perron en étendant mes bras
vers. Clémence. ....

Clémence ! ô Clémence !....la
domestique unissait ses efforts à ceux
de l'infortunée pour modérer la fureur de son frère ; je l'avais couvert
de mon sang, il coulait encore à
grands flots de mon nez, de ma bouche...Je m'enfuis comme un homme
qui a commis un assassinat ; je courus
en désespéré à travers les bois..... Je
ne perdis pas tout-à-fait les sens, je
sentais que je m'affaiblissais ; je m'ar-
rêtai quelques momens pour reprendre haleine, et pour presser mes
plaies avec mon mouchoir..Je redoutais la vengeance du marquis, et je
continuai de marcher lentement sans
savoir où j'allais.

J'arrivai chez nous vers le milieu de la nuit, je ne me reconnus qu'aux caresses de nos chiens. Je racontai mon malheur à mon frère, qui avait entendu quelque bruit et s'était levé. Il pansa mes blessures et me fit prendre un peu de vin. Je me retirai dans un bâtiment isolé et éloigné de la maison pour prendre quelque repos; nous craignions que nos gens ne s'apperçussent de mon arrivée. Mon frère considérait que dans l'état où j'étais, il me serait impossible de continuer de fuir, et m'engageait à rester quelque temps jusqu'à ce que les bruits fussent appaisés, et que mes forces fussent revenues. Je connaissais le marquis ; je me doutais bien qu'il ne bornerait pas sa vengeance au traitement qu'il m'avait fait éprouver ; que naturellement il dirigerait ses recherches dans ma famille....Mais mon frère n'était pas de mon sentiment ; il fallait le tromper. Il fut donc résolu entre nous, qu'il partirait lui-même au point du jour pour aller me chercher et emporter mes effets, qu'il paraîtrait tout ignorer. Cependant comme il étoit possible qu'il survînt quelque accident qui le retiendrait au bourg, il me laissa des provisions et l'argent qu'on m'avait destiné. Ma mère et mes frères devaient ignorer mon malheur aussi long-temps qu'on pourrait le leur cacher.

La fraîcheur de la nuit, le silence qui m'environnait, calmèrent un peu mes esprits, mes idées s'éclaircirent. Je ne me sentais aucunement coupable; j'écumais de rage à la pensée de ce que je venais d'éprouver... Seul, abandonné à mes tristes réflexions, je vouai une haine éternelle à la noblesse; car je me disais : si j'étais noble, il n'auroit pas osé me traiter de cette manière; c'est donc parce que je ne suis que le fils d'un laboureur, qu'il m'a outragé, qu'il en a agi avec un homme comme avec un animal féroce.... Je me reprochais de ne l'avoir pas écrasé, de ne lui avoir pas déchiré les entrailles, comme je l'aurais pu ; et je versais des larmes de sang au souvenir de Clémence. Je reprochais à l'Éternel de m'avoir fait naître avec un cœur sensible, de m'avoir donné des passions..... Je demandais à Dieu si j'étais coupable de n'être pas né dans la noblesse, et pourquoi Clémence n'était pas la fille d'un humble cultivateur..... Je m'assoupis un moment ;..... des rêves affreux m'ôtèrent bientôt toute espérance de goûter quelques repos. Je résolus de partir et de m'abandonner à ma destinée en fuyant les lieux qui m'avaient vu naître. Je pensais que mon frère pourrait tarder à revenir; que si ma maladie devenait sérieuse, il serait impossible de la cacher à nos gens ; que les domestiques sont

en général les plus grands ennemis
de leurs maîtres, qu'on les gagnerait ;
que ne fait-on pas avec de l'argent ?... :
qu'infailliblement je serais la victime
de la vengeance ; qu'il était plus pru-
dent de profiter du peu de forces qui
me restaient ; qu'au pis-aller, je tom-
berais entre les mains d'étrangers ,
qui n'auraient probablement aucun
intérêt à me trahir. Mon frère vint
me voir, et pansa de nouveau ma
blessure.. Il me pria de l'attendre au
moins jusqu'à la nuit. Il me dit que
mon jeune frère qu'il emmenait avec
lui , viendrait aussitôt m'avertir de
ce qui se passerait, et qu'alors je
prendrais ma résolution.

Ces précautions me calmèrent un
peu,....je dormis quelques heures ;...
à mon réveil, je me sentis plus frais ;
mes douleurs étaient infiniment mo-
dérées... Mais j'étais inquiet. Il était
tard, la nuit approchait, et mon
frère ne revenait point....Le moindre

bruit que j'entendais me faisait tres-
saillir ;... j'éprouvais des transes continuelles ; la dureté, l'inhumanité,
la puissance du marquis me faisaient pressentir la vengeance la plus
atroce ;... je me disposais à m'échapper, lorsqu'enfin mon jeune frère,
accablé de fatigue, vint mettre le
comble à mon trouble.... Je n'avais
que trop prévu ce qui pouvait arriver... Le bourg était dans l'agitation.
Le marquis, couvert de sang, était
venu la veille, à la pension, accom-
pagné d'une foule de monde. Il avait
entendu les cris de sa sœur, que je
voulais déshonorer, et comme il
était accouru pour la défendre, j'a-
vais voulu l'assassiner lui-même, heureusement j'avais été le plus faible...
Clémence était mourante dans son
lit... Il n'y avait pas jusqu'au plus
petit enfant qui ne me regardât
comme un monstre... Un domestique était allé à la ville pour avertir

la justice. On courait après moi de
tous côtés, et l'on devait faire la plus
stricte perquisition dans notre village. On avait entraîné mon pauvre
frère au château. Pour lui, il s'était
échappé, après avoir recueilli tout
ce qu'il avait pu, et venait, selon
l'ordre de son aîné, m'avertir de ce
qui se passait.

Toutes les puissances de mon ame
se révoltèrent ; ce tissu d'horreurs
me fit éprouver les affreux déchiremens de l'agonie. La honte, le déshonneur, l'opprobre, la mort m'en-
vironnaient... L'horreur et l'indignation me donnèrent des forces ; je
m'enfuis du côté opposé à la ville...
Je marchai avec une rapidité incroyable au travers des champs ; j'évitai
soigneusement les chemins battus :
au jour, je me cachai dans le fond
d'un bois, et m'y endormis sur la
mousse. Je me réveillai vers le soir ;
je bus un peu de vin que j'avais ap-

porté avec moi, et continuai de fuir, mais avec moins de rapidité; j'éprouvais de grandes douleurs à la tête; mes jambes, mes cuisses étaient engourdies, et je n'avançais qu'avec de pénibles efforts. La soif me dévorait; la fièvre circulait avec mon sang : je marchai jusqu'au jour dans cet état déplorable : enfin, haletant, épuisé, j'arrivai sur le bord d'un chemin que je ne pus traverser; je tombai sans connaissance.

Quatre jours après, je me trouvai chez un laboureur entouré de sa famille; un bon père capucin était assis à côté de mon lit. Il m'avait trouvé quelques momens après que j'eus perdu connaissance... J'étais dans le délire; le sang qui coulait de mes blessures, lui fit croire que j'avais été assassiné, et cet homme charitable m'avait fait transporter dans le village, où il m'avait prodigué les soins les plus assidus.

Lorsque la fièvre cessa, et que je

fus en état de rassembler mes idées ,
le bon père m'exhorta à mettre ma
confiance en Dieu, à rentrer dans le
sein de la religion; car il s'était apperçu que j'avais l'esprit gâté. Je le
rebutai long-temps; je disputai contre lui ; je l'inondai d'un fleuve de
mots , de citations , de passages phi-
losophiques ; mais vaincu par sa douceur inaltérable , par sa bonté et sa
modestie , je lui ouvris entièrement
mon cœur; je lui racontai mes malheurs dans le plus grand détail; je ne
manquai pas sur-tout de vanter mon
innocence. Il m'écouta sans m'inter-
rompre; il blâma la brutalité du marquis, s'indigna des mensonges atroces auxquels il avait eu recours pour
me perdre et satisfaire sa vengeance :
il trouva que j'avais été sage de fuir.
Il finit par me proposer de l'accom-
pagner à Paris, où il se rendait par
ordre de ses supérieurs.

Actuellement que la vérité seule

dirige ma plume , que nul autre intérêt ne me fait agir , si ce n'est un
retour tardif vers la vertu, qui me
force à la respecter , en dévoilant mes turpitudes , je me demande
à moi-même, quel motif pouvait engager ce bon religieux à retarder son
voyage, à me prodiguer ses secours
et ses soins paternels ? Quelle gloire,
quel avantage pouvait-il retirer de
ses travaux , dans un lieu presque
ignoré, et habité par des hommes
grossiers et durs en général? Quel
plaisir, quelle sorte de jouissance
pouvait-il espérer à raisonner avec
un insensé, un ignorant orgueilleux,
qu'il pouvait sans crime abandonner
à la miséricorde des habitans du ha-
meau ? Quel théâtre pour la vanité
d'un homme du monde !... Mon sauveur était chrétien dans la force du
terme ; il était religieux et charitable;
et moi, je me moquais, quelques
jours auparavant, de la religion et de

la charité ! Je récompensai mon hôte, et je m'acheminai avec mon vénérable guide.

Sa conversation, ses manières simples me plaisaient beaucoup ; il parlait avec clarté et précision ; et malgré mon amour-propre, je sentais qu'il était très-instruit. Il ne me dit rien sur mes principes ; mais il me parla de la nature ; il me la représentait en grand, et avec une éloquence qui m'enlevait. Quelquefois il me la faisait admirer dans ses plus petits détails : .... il remontait des effets à une cause première ; mais sa manière était si conséquente, si claire ; ..... il m'accablait de la force de ses raisonnemens. Il lançait un regard rapide et perçant sur le cœur humain ; il en développait les replis les plus cachés, et le connaissait bien mieux que tous ces philosophes que j'avais tant admirés. Il ne haïssait point les hommes, il les aimait au contraire ; il gémissait sur leurs égaremens, s'attendrissait sur leurs maux, et cherchait à les soulager toutes les fois que le hasard, ou sa charité toujours active , le mettait à même d'instruireet de consoler. Ses moyens étaient la douceur, une tolérance inaltérable, et sur-tout la religion. . . Je l'admirais ;. . . . . ses paroles adoucissaient mes chagrins. Il appaisait la violence de mes passions. Je lui disais : ô mon père ! pourquoi tous les hommes ne vous ressemblent-ils pas?. . . Vous me faites aimer la vertu ; vous me persuadez. . . . . Tout ce que vous me dites me pénètre. . . . . Lorsque vous parlez , je crois entendre la vérité. Vous êtes bon , gai ; vous préchez comme un père avec un fils chéri. . . . . Hélas ! c'était ainsi que le mien me donnait des avis. . . .

Mais d'où vient, je vous supplie, ce feu qui m'embrâsait à la vue,

à l'idée même de Clémence ? D'où
vient que je ne pouvais chasser son
image de mon cœur ? Les idées de
Dieu, de religion, de devoir, s'ef-
façaient de mon esprit, dès que je la
voyais, et la plus profonde tristesse
m'absorbait tout entier, lorsque je
la quittais...... Je l'aimais avec une
ardeur !..... je l'adorais.... Serait-ce
donc un crime que d'aimer ? Il me
répondait avec bonté : « La figure de
Clémence, sa personne, ses manières
étaient de nature à vous émouvoir ;
elles avaient des rapports directs
avec vos goûts ; elles étaient d'accord avec les idées que vous aviez de
beauté, d'amabilité dans une femme.
Vous étiez jeune, précoce, plein de
santé ; vous ne fîtes que céder au
penchant qui porte tous les hommes
vers la femme : jusqu'ici vous n'avez
commis aucune faute ; mais vous n'i-
gnoriez pas la distance qui existait
socialement entre vous et cette jeune

demoiselle. Vous saviez que sa naissance la mettait trop au-dessus de
votre état, pour que vous pussiez
jamais, de l'aveu de sa famille, devenir légitimement son époux ; ... et
si vous aviez conçu cette idée chi-
mérique, la conduite de son frère
vous avait assez averti d'y renoncer.
Ne sentiez-vous pas qu'il s'était apperçu de votre amour mutuel?...mais
vous étiez entraîné; vos forces étaient
donc insuffisantes?.... Que ne recouriez-vous alors aux conseils de votre
malheureux père? Que ne puisiez-
vous du courage et de la force dans
la religion, qui vous ordonne de
respecter l'ordre établi; qui vous en-
joint de travailler pour distraire
votre esprit de ce qui peut le troubler ; de fuir, au lieu de vous précipiter en insensé dans le tourbillon
des passions ? Que ne suiviez-vous le
simple bon sens, qui vous faisait en-
trevoir la triste perspective des mal-

heurs que vous attiriez sur vous et sur l'infortunée, qu'un penchant devenu criminel entraînait à sa perte ? Car, que serait-il arrivé, supposé que le frère, aussi indolent, aussi aveugle que sa mère, se fût étourdi sur le danger qui menaçait sa sœur ? Vous l'eussiez accablée de maux irréparables ; vous l'eussiez déshonorée. Votre conscience ne vous en avertissait-elle pas assez ? Pouviez-vous comparer et préférer un plaisir vague, nul, avec une chaîne de chagrins cuisans, de remords, que la raison seule vous démontrait inévitables ? Pourquoi, coupable jeune homme, perdiez-vous le fruit de deux ans de conduite et de vertus, depuis la mort de votre père ? Qui vous forçait à vous faire illusion à vous-même, et pourquoi vous obstiniez-vous à embrasser un état pour lequel, de votre propre aveu, vous n'aviez ni penchant, ni vocation?.... Depuis, vous

2. K

avez mis le comble à vos égaremens, en vous gâtant le cœur et l'esprit par ces lectures nocturnes. La vérité éternelle s'est-elle manifestée du premier abord ?... Avez-vous été ébloui de sa lumière, délicieusement entraîné par ses charmes irrésistibles?... Pourquoi donc cette rougeur, témoin et preuve incontestables d'une action ou d'une pensée criminelles, lorsque vous lisiez ces dégoûtantes tirades ? D'où venaient cette inquiétude, ces doutes rongeurs,... ces angoisses déchirantes qui ne vous laissaient aucun repos ?....

Que ne recouriez-vous à des hommes instruits, qui vous eussent démontré le vide et la fausseté de tous ces systêmes et de ces raisonnemens dont l'apparence vous séduisait? Vous avez préféré de suivre, au milieu des ténèbres, une lueur éphémère et trompeuse, qui vous a conduit dans l'abyme... Vous avez voulu interro-

ger l'Eternel : dans votre petit orgueil, vous avez cru pouvoir forcer
le sanctuaire impénétrable,...et vous
avez perdu le plus grand, le plus
précieux des biens,...la paix de l'ame.
O mon fils ! vous avez été maltraité,
outragé ;.... rentrez en vous-même,
et dites-moi si vous êtes innocent;...
si vous pouvez rejeter vos malheurs
sur les autres, les reprocher à la
Divinité?...

Je marchais à ses côtés, les yeux
baissés. J'étais humilié : je me reprochais intérieurement mes mensonges,
mon sot orgueil, mon indifférence
pour ma famille, tous mes égaremens.... Mon conducteur lisait dans
mon ame, et gardait lui-même le
silence... Je me sentais attendri jusqu'aux larmes ; j'avais l'air abattu
d'un criminel qui n'a rien à dire
pour sa justification; et si j'osais élever un regard, je voyais sur la figure
de ce vénérable vieillard, une douce

et sainte mélancolie ; ses yeux étaient légèrement obscurcis d'un faible nuage, qui décelait l'état de son ame aimante et contristée ; il les fixait sur moi avec une bonté, une expression indicibles. Je ne pus résister à l'émotion qu'il me faisait éprouver ;... je m'élançai dans ses bras, je le pressai contre mon cœur, et pleurai sur son sein.....O mon père ! homme divin ! vous êtes tout pour moi sur la terre.... Que ne vous ai-je connu quand il en était encore temps !... Oh ! si le maître chez lequel j'étudiais, si le sous-maître eussent eu une seule de vos vertus !... Hélas ! ils ne soupiraient qu'après le nombre des écoliers ; ils ne cherchaient que l'argent ! Avec quelle faiblesse, quelle indifférence on me reprenait !.... O mon père ! j'ai tout perdu....

— Mon fils, prenez garde... à ce que vous dites ;... leur faiblesse, leur indifférence ne vous justifient pas...

Vous n'avez pas non plus tout perdu, puisque vous le craignez, et que vous reconnaissez vos égaremens; profitez du passé; qu'il serve de règle à votre conduite pour l'avenir : le soupir d'un cœur véritablement pénétré, s'élance vers l'Eternel, et le pardon est un des attributs de la Divinité.

—Les hommes sont des barbares... Ah! mon étourderie, mon imprudence, pouvaient-elles m'attirer un si cruel traitement de la part du marquis ?.... Ces hommes de naissance croient pouvoir tout oser avec un malheureux ...

— Ne soyez pas injuste, mon fils; ne rejetez pas sur un corps entier les excès d'un, ou de quelques-uns de ses membres. Le marquis a sûrement très-mal agi; il est coupable, rien ne peut le justifier; mais, ne vous y trompez pas, ce n'est pas seulement parce qu'il est noble qu'il vous a traité si cruellement; c'est parce qu'il est mal élevé, inhumain et puissant par sa fortune. . . . . Est-il possible que vous croyiez qu'un roturier aussi dur, aussi violent et aussi riche que le marquis, vous eût plus ménagé?... Un homme ne cesse pas d'être homme pour être le fils d'un noble... Les prêtres, les nobles, mon fils, sont comme vous tourmentés des passions, et souvent leurs victimes. Dans l'état civil, ils font deux corps à part ; proportion gardée, ils sont, au moins individuellement, plus aisés que le reste de la nation ; et comme ils sont plus en évidence, leurs moindres actions sont aussi plus facilement apperçues ; alors l'envie, la médisance, la calomnie, s'acharnent contre eux... Ah ! si à certains égards ils paraissent plus heureux, ils paient bien cher cette apparence de bonheur. Leurs passions, ô mon fils ! sont toujours proportionnées à l'importance qu'ils attachent à leur état, et les sacrifices qu'ils sont obligés de faire, leur coûtent bien des larmes, bien des soupirs inconnus à l'homme modéré, qui reste dans l'humble et paisible condition où la Divinité l'a fait naître.

— Mais, mon père, j'ai entendu dire, j'ai lu dans cent endroits que les trois quarts des prêtres se moquent des malheureux qui les écoutent : ils semblent se jouer de leur crédulité, puisqu'ils ne pratiquent presqu'aucunes des vertus qu'ils prêchent; et celui qui les écoute, ne serait-il pas excusable de douter de leur doctrine?—Qu'y a-t-il de commun, mon enfant, entre la doctrine évangélique et la conduite de quelques ministres corrompus ? Qui douterait de l'existence de la lumière, parce que quelques hommes ivres chancelleraient sur les bords d'un précipice?... Le soleil en brillerait-il moins, parce que ces mêmes hommes tomberaient eux-mêmes dans l'abyme, tout en voulant le faire éviter à leurs amis? Vous n'auriez sûrement pas une haute idée du bon sens de ceux qui suivraient les pas de pareils guides, au mépris de leurs avis sur les dangers à courir... Le père de famille est aussi un ministre du Seigneur, non moins grand, non moins utile à ses yeux; cependant, combien n'en avez-vous pas vu qui se contentent de recommander à leur famille des vertus qu'ils ne pratiqueront jamais peut-être? Il serait pourtant absurde de croire qu'ils se moquent de leurs enfans, qu'ils ne cherchent qu'à les tourmenter, qu'ils veulent les corrompre... Mon fils, les prêtres et les pères de famille sont des hommes... Il ne faut détester que les vices; il faut aimer tous les hommes, et les aimer assez pour les guérir de leurs maladies....

C'était ainsi que cet homme de paix et d'amour daignait s'abaisser à ré-

pondre à mes questions et à m'ins-
truire. A notre arrivée à Paris, il me
recommanda à un maître de pension
qu'il connaissait depuis long-temps,
et m'engagea à le visiter dans son
couvent, toutes les fois que j'en aurais le temps.....

L'homme est l'enfant de ses habitudes : il n'en change qu'autant qu'il
trouve dans son nouvel état des rapports directs avec les premières, ou
des plaisirs nouveaux et plus piquans.
L'ordre qui régnait dans la pension,
le genre de travail auquel j'étais as-
sujetti, l'espèce de sévérité dont il
fallait user avec les enfans que l'on
me confiait ; cette tension continuelle de l'esprit et du corps, tout
contrariait mes goûts et mes habitudes. Je ne craignais plus le marquis ;
mais j'étais sourdement agité d'une
foule d'inquiétudes vagues et fati-
guantes. Je ne me rappelais jamais
la scène du château qu'avec des mou-

K..

vemens convulsifs. Je négligeai d'aller voir mon sauveur. Les leçons utiles qu'il m'avait données, n'avaient fait qu'effleurer mon cœur endurci ; il couvait le feu de la vengeance. On s'apperçut facilement de ma négligence à remplir mes devoirs ; quelques reproches modérés me dégoûtèrent encore davantage ; je fus renvoyé.

J'avais reçu de l'argent de mon frère ; il m'écrivait que le Marquis, n'ayant pu savoir de lui ce que j'étais devenu, l'avait enfin laissé aller le lendemain ; que depuis, il n'avait entendu parler de rien ; qu'il était persuadé qu'on avait entièrement oublié cette affaire. Il finissait ses lettres par me conjurer de revenir dans le sein de ma famille, et d'y reprendre paisiblement mes anciens travaux ; un conseil aussi salutaire n'était pas de mon goût. Personne ne me voulait assez de bien pour veiller à ma conduite, et je ne le desirais pas ; je n'avais plus aucun frein ; j'étais libre, je me crus heureux. Tout ce que j'avais entendu dire de Paris et de ses plaisirs enflammait mon imagination, en se retraçant à ma mémoire, et redoublait le desir que j'avais de les connaître. Dès que je fus sorti de la pension, je courus visiter les spectacles, les lieux publics. Je fis en peu de temps un grand nombre de connaissances, et m'attachai de préférence à quelques jeunes prosélytes de la moderne philosophie. Leur ton tranchant et décidé me séduisit ; leurs idées, que je croyais sublimes et profondes, parce qu'elles étaient hardies et incendiaires, excitèrent mon admiration. Ils me plaisaient sur-tout par leur haine prononcée contre la noblesse, et leurs déclamations bruyantes contre la religion.... Toutes les autorités constituées n'étaient à leurs yeux qu'autant de moyens

dé tyranniser avec plus de sûreté et
de barbarie.... De tous les hommes
en place, il s'en trouvait à peine dix
capables de signer leur nom correc-
tement ; et si quelques infortunés,
comme eux, disaient-ils avec modestie, n'eussent été réduits à la dure
et cruelle nécessité de prostituer
leurs talens, leur génie à ces ignorans et grossiers despotes, on aurait
bientôt vu la France au-dessous des
siècles du *vandalisme*. J'étais le plus
enthousiaste de leurs admirateurs.
Nouveaux apôtres, ils prêchaient
l'humanité, la bienfaisance, l'amour
du prochain, et toutes les vertus....
Qu'avoit-on besoin, disaient-ils, d'aller dans une église écouter un tar-
tuffe débiter platement, le plus plat,
le plus ridicule galimathias?...Etait-ce
pour inspirer aux hommes quelques
principes de morale ?... Hé ! les hommes ne sentent-ils pas eux-mêmes,
qu'il est de leur intérêt d'être bons et

compatissans ? Etait-ce pour les tou-
cher en faveur des pauvres, des infortunés?... Mais cette stupide espèce
ignorait donc le plaisir délicieux que
l'on goûte à soulager l'indigent, à
essuyer ses larmes, ... puisqu'elle
recourait à ce charlatanisme ?

J'étais ravi de les entendre : .....
puis, après ces sublimes séances, où
l'on avait, selon moi, épuisé ce que
la morale avait de plus épuré, de
plus beau, je les suivais dans des ca-
barets, dans des lieux de débau-
che : ..... là, la scène changeait. On
politiquait ; on déchirait un ministre ; on avilissait un général ; on dé-
bitait des horreurs contre tel homme en place : il n'y en avait pas un
de notre honorable société, qui ne se
crût, de bonne foi, plus capable de
remplir un emploi quelconque, que
l'homme éprouvé par trente années
de travaux et de vertus. Les femmes
de la cour et de la ville étaient pas-

sées en revue ; on versait sur cha-
cune d'elles, l'opprobre et l'infamie ;.... et quand le vin avait achevé
de calciner les cerveaux électrisés,
c'était toujours dans les bras de la
plus vile prostituée, qu'ils prati-
quaient leur morale.

Je retrouvai Annette, la servante
de la maison où j'avais commencé
mes études.... Annette qui m'a-
vait paru si méprisable, après la
scène de la grange ! Hé bien ! j'eus
la bassesse de solliciter ses bonnes
grâces, de m'attacher à elle.... Elle
partagea mes affections avec les héros
de la moderne philosophie.... Ces messieurs n'étaient pas aussi riches que
je les croyais savans. Je leur avais
prêté de l'argent, et bien loin de
pouvoir me le rendre, ils étaient tous
les jours aux expédiens ;.... mais toute
leur science, toute leur philosophie
ne purent jamais vaincre leur paresse
invétérée, ni détruire l'horreur qu'ils

avaient pour toute sorte d'occupation honnête : il n'y avait pas d'état
qui ne fût au-dessous de leur mérite.
Deux d'entre eux s'avisèrent de com-
poser un livre, aussi infame que dé-
goûtant, qu'un imprimeur fut assez
éhonté pour oser publier . . . . Je ne
revis plus mes auteurs chéris ; mais
mon imagination se hâta de lui élever des autels dans les temps reculés
de la postérité reconnaissante... Les
autres, moins savans probablement,
corrigeaient la fortune au jeu, et ne
gagnaient jamais assez pour me
payer... La police jugea à propos de
les séquestrer, et je perdis l'espérance de recouvrer mon argent. Pour
comble de malheurs, Annette, avec
laquelle je vivais, à qui j'avais confié
tous mes moyens ; Annette que je
traitais comme une amie,.... avait
disparu avec son amant, que j'avais
eu l'imbécillité de croire son cousin;
je me vis réduit à la mendicité.

J'errai dans toutes les rues de Paris,
en cherchant quelques-uns de mes
anciens amis. Un jour, dévoré de la
faim, et le désespoir dans l'ame, je me
trouvai aux environs du couvent où
vivait mon vénérable sauveur. Je résolus d'aller me jeter à ses pieds , de
l'attendrir par mes larmes et mon
repentir.... Il n'était plus,....

« Quand j'aurais osé écrire à ma famille , il m'eût été impossible d'attendre une réponse.... Toutes les parties de mon corps , toutes mes fibres,
ressentaient le déchirant aiguillon du
besoin le plus urgent; je n'avais pas
même le moyen de m'abreuver d'un
verre d'eau.. .. Je traversais lentement le jardin des Tuileries , en roulant dans ma tête les projets du désespoir, lorsque j'apperçus une jeune
fille que j'avais vue quelques mois
auparavant partager nos plaisirs....,
Elle parlait avec action, avec une
femme d'un certain âge : j'attendis

la fin de l'entretien , et je la suivis
chez elle.... Je lui peignis mon état,
ma misère ; je la conjurai de m'ac-
corder quelques secours, pour faire
mon voyage ; j'attestai ce qu'il y avait
de plus sacré au monde, que je les lui
rendrais fidèlement...

Je n'écris point un roman , je ne
cherche ni à amuser , ni à étonner le
lecteur... Hélas ! c'est bien assez de
vaincre ma honte ; si je pouvais goûter
quelque soulagement, en dévoilant la
vérité, je la croirais utile ;... mais une
force inconnue, une force irrésistible me domine et me contraint.

Dans nos sales orgies , j'avais remarqué souvent que cette jeune fille
était, sinon plus sage , au moins infiniment au-dessus de ses compagnes.
Elle venait de conclure un marché
honteux, mais beaucoup moins pour
elle, que pour celui qui l'avait proposé. Une jeune dame, de la plus
grande beauté, de la vertu la plus

douce, la plus touchante; une jeune
mère, une vierge d'esprit et de cœur,
un ange, n'avait pu fixer un vieillard de vingt ans, dont le front hâve
et ridé, dont les yeux éteints et la
physionomie effacée, promettaient
à peine quelques mois d'une vie lan-
guissante; et ce jeune homme s'était
laissé prendre aux charmes de ma
nouvelle bienfaitrice. Elle me donna
le choix, ou de partir pour ma pro-
vince, avec l'argent que je demandais, ou de rester avec elle, sous le
nom de son domestique, et d'être en
effet son favori. . . . Le favori de ces
misérables est presque toujours leur
impitoyable tyran; elles le savent
bien; mais celle-ci ne connaissait ni
l'amour, ni la haine. Un homme qui
aurait encore conservé une ombre de
délicatesse, qui n'aurait pas été tota-
lement corrompu, n'eût pas balancé
dans son choix :... je préférai de partager les banales faveurs d'un être

sans ame , d'une brute qui faisait une
action généreuse avec la même insen-
sibilité , qu'elle se préparait à la
double infamie de tromper en se
prostituant sans desirs. Je vis le luxe
le plus effréné ; j'en jouis sans honte…
J'eus l'exemple de tous les vices , de
tous les désordres ; je fus témoin de
la déplorable abjection jusqu'à laquelle l'homme a pu ravaler sa dignité.

Le hasard me fit retrouver Annette;
j'assommai lâchement son amant , et
malgré ses protestations d'innocence,
je la laissai elle-même accablée de
coups et mourante…. Ainsi je justi-
fiais la conduite du marquis , contre
lequel je m'étais tant révolté; je prou-
vais la vérité de ce que m'avait dit
mon sauveur. Quand bien même elle
eût été coupable , devais-je attendre
des vertus d'une femme qui avait volontairement renoncé à toute pudeur ?…. Je n'eus aucun remords ;

mais je craignis la justice. Il est un degré de corruption, où un crime en nécessite pour ainsi dire un second : je profitai de l'absence de la malheureuse qui me nourrissait, pour lui apprendre quelle était la reconnaissance d'un homme assez bas pour partager l'infamie : je la volai. J'eus ainsi la cruauté de l'abandonner aux soupçons, et à la vengeance du jeune seigneur qui se ruinait pour elle,....; et je m'engageai dans le régiment du duc de *** : j'y restai dix-huit mois; et comme je m'acquis une grande réputation à faire des armes, et sur-tout à tirer avec justesse, le colonel qui était passionné chasseur, me donna mon congé, et m'attacha à sa suite. Malheur à la femme qui lui plaisait! elle devait être sa victime. Mlle de Sauville eût été déshonorée, sans M. de Bellemare. Je fus chargé de l'enlever; je déterrai moi-même les deux scélérats, qui payèrent de leur vie. Le coup manqué, on me donna de l'argent, des papiers sous un faux nom, et l'ordre de partir pour l'Allemagne. Le duc était plus coupable que moi, je le sentais : je ne pus me résoudre à m'expatrier; je pris la route de Paris. Annette n'avait pas succombé, je la vis ; je craignis d'en être reconnu; je m'enfuis à Rouen.

Je vécus quelque temps assez retiré; je ne sortais que le soir, de peur d'être reconnu, car je n'ignorais pas qu'on me cherchait. Une vie tranquille et solitaire ne convenait pas à un cœur bourrelé; et j'étais trop malheureux avec moi-même pour ne pas chercher à m'étourdir sur mon état actuel, et sur ce qui pouvait m'arriver. C'était au spectacle que je trouvais quelques distractions passagères.

J'y étais un jour, absorbé tout entier dans de sinistres réflexions, lorsqu'une agitation extraordinaire du parterre me rendit à moi-même. On se répétait : c'est la belle Clémence!... c'est l'angélique Clémence de S***... Je ne saurais exprimer ce que j'éprouvai : je regardai dans une loge que l'on m'indiquait : . . . . . c'était elle-même. Elle était avec ses sœurs........

Je me sentis embrâsé de tous les feux de l'enfer.. Un amour pur ne pouvait plus animer un cœur flétri par le souffle du libertinage. Des souvenirs humilians, la haine, la vengeance, me déchirèrent tour-à-tour. J'entre-vis le Marquis, et je me retirai, la rage dans l'ame, en formant le projet de l'abreuver d'amertume.

Il me restait beaucoup d'argent, car je n'avais pas même conservé l'apparence de la générosité ; et à tous mes vices, je joignais encore celui de l'avarice ; une passion plus violente l'emporta. Je sus la demeure de Clémence ; je gagnai une de ces femmes, dont l'infame existence ne

trouve de ressources que dans le
déshonneur des familles. Clémence
reçut une lettre; sa première faute
fut d'y répondre, et le commence-
ment de sa ruine... Elle avait fidèlement conservé ses premiers penchans. Sa mère n'existait plus; depuis sa mort, il n'y avait point d'in-
dignes traitemens que son cruel frère
ne lui eût fait éprouver. Seule, sans
amies, elle dévorait ses larmes et ses
chagrins : unies avec leur frère, ses
sœurs semblaient prendre plaisir à
aggraver les humiliations de leur
aînée.... Elle n'avait jamais voulu
consentir à me charger du crime du
viol;...car sa fermeté à soutenir mon
innocence, empêcha son frère de me
poursuivre judiciairement... Au lieu
d'ensevelir dans un profond oubli la
scène du château, si humiliante pour
sa famille, le Marquis, indigné de
ne pouvoir m'accabler, avait publié
la honte de sa sœur, en l'accusant

d'avoir été d'accord avec moi, de s'être volontairement abandonnée...

: Elle était réduite à la désespérante alternative, ou de se retirer dans un couvent, ou d'épouser un homme sans ame.... Cet homme était persuadé de la vérité des reproches que le Marquis faisait à sa sœur; .... et cet homme consentait à l'épouser...

J'exagérai à l'infortunée les ennuis de la solitude,... l'odieux despotisme des couvens;... je lui peignis ses regrets et ses reproches inutiles, lorsqu'il n'y aurait plus de retour; car elle ne devait pas douter que son frère ne la contraignît à se faire religieuse; son désespoir, quand il lui faudrait achever de traîner dans les larmes, les tristes restes de ses jours...
Je l'entourai de fantômes; j'effrayai son imagination par les tableaux les plus révoltans, et ne lui laissai d'autres ressources que de se jeter dans mes bras............

Clémence oublia ses devoirs;.... elle emporta ce qui lui appartenait, et sous le déguisement d'un jeune hom. me, elle s'embarqua secrètement avec moi sur un vaisseau qui partait pour Cherbourg.

Les secours que sollicite la vertu dans sa détresse sont lents, et souvent douteux ; plus souvent encore, il semble que les cœurs s'endurcissent à ses timides accens, et qu'elle doive trouver des forces dans sa propre énergie, pour résister aux prestiges des passions, et suppléer au défaut de l'amitié. Mais l'homme dépravé veut-il se mettre au-dessus des loix?.... Un peu d'argent lui applanit toutes les difficultés ; les conseils, les aides se multiplient ; il trouve des amis empressés ; l'œil de la justice s'endort ; il réussit au-delà de ses desirs, et finit par douter lui-même si ses projets n'étaient pas selon l'ordre... Inconcevable aveuglement ! Un père de

L

famille qui aurait sacrifié la moitié de sa fortune pour venger ou sauver l'honneur de sa fille,... fut le premier à me donner les moyens de ruiner la *vertu*, et n'exigeait d'autres précautions qu'un travestissement. Abominable égoïsme ! une somme d'argent suffisait pour adoucir cet homme si délicat sur l'honneur en général, si actif, si vigilant, lorsqu'il s'agissait des siens.... Que dis-je ? hélas ! est-ce à moi, qui ai violé tous les devoirs, à me récrier sur les vices des autres?... Dois-je me plaindre ? Ai-je manqué de secours?. .. Qui m'a rebuté, quand j'ai sollicité des consolations ou des lumières?... N'ai-je pas moi-même prêté mon bras, et reçu le prix du crime ?

Cachée au fond de la Basse-Normandie, Clémence crut, pendant quelques jours, avoir trouvé le bonheur dans la société de celui qu'elle avait jugé digne de sa tendresse. Je

lui avais juré que, dès que nous se-
rions à l'abri des poursuites de son
frère, je m'occuperais sérieusement de
légitimer notre union par le mariage,
et c'était la seule condition qu'elle
m'eût imposée. Elle me pressait souvent de tenir ma promesse; mais
elle ne connaissait pas la dépravation
de mes principes. J'éludai ses ins-
tances, sous différens prétextes... Je
ne pouvais consentir à notre mariage sous des noms supposés... Nos
véritables noms nous feraient infailliblement reconnaître; au moins, il
était de la prudence de ne pas nous
y exposer;... nous pouvions encore
attendre quelque temps... D'ailleurs,
comme j'étais absolument résolu de
m'expatrier pour toujours, il était
de la plus grande importance, pour
nos intérêts communs, que je fisse
un voyage de quelques semaines pour
m'arranger avec mes frères... A mon
retour, nous nous embarquerions

pour l'Angleterre, où je m'empres-
serais alors de sceller notre tendresse
mutuelle, par les cérémonies de l'é-
glise... Profonde hypocrisie ! Je possédais ce qu'il y avait sous le ciel
de plus pur et de plus aimable, mais je
n'étais pas vengé... Le marquis ignorait quel était le ravisseur de sa victime ; je n'avais pas lavé dans son
sang l'affront qu'il m'avait fait. Opi-
niâtrément attaché à la poursuite de
mon dessein, je préparais ainsi cette
infortunée à me voir partir sans
soupçons.

Sa beauté, la douceur de son caractère, quelques étincelles de cette
flamme qu'elle avait autrefois allu-
mée dans mon cœur, la nouveauté
d'une jouissance que je pouvais encore épurer par un heureux retour
à la vertu, le charme inexprimable
de tant de qualités réunies, cet abandon sur-tout si généreux, et qui mé-
ritait tant de reconnaissance, eurent

la force de me retenir quelque temps, et de différer mes détestables projets...

La Divinité semblait ne m'entourer d'une chaîne de jouissance, que pour me faire pressentir le bonheur;... mais l'atrocité de mon caractère était telle, que je devais combler la mesure de mes crimes.....

Clémence était devenue triste et mélancolique; elle m'évitait avec soin, quoique sans affectation, et cherchait à être seule : je la surprenais souvent noyée dans ses larmes : elle répondait avec douceur aux reproches que je lui faisais sur son amour pour la solitude, rejetait la cause de sa tristesse sur des souvenirs désagréables, sur notre situation actuelle;... enfin, ses incommodités lui servirent de prétexte pour m'éloigner entièrement d'elle. Je crus qu'elle m'avait deviné, et ne cherchai pas d'autre cause à l'altération sensible

que je remarquais dans ses manières
et dans sa conduite. ... Je redoutais
l'ascendant qu'elle aurait pu exercer
sur moi, et je hâtai mon voyage.

Le jour que je partis, je la croyais
endormie... L'infortunée veillait, et
épiait le moment....

Ecoutez-moi, Eugène, me dit-
elle, j'ai peu de choses à vous dire...
J'ai toujours été persuadée qu'avec
de la modération, nous avions assez
de moyens pour vivre heureux; ...
vous pensez différemment. . . . . Ce
voyage que vous méditez sans cesse,
pourrait avoir d'autres causes... Eugène, je vous crois bon et généreux,
et je ne cherche point à pénétrer vos
raisons... Vous voyez l'état où je suis
réduite : ne me punissez pas du penchant que vous m'avez inspiré, ne
me punissez pas de ma faiblesse; sou-
venez-vous que je reste seule, souffrante, abandonnée, sans nom, sans
titre, exposée aux soupçons, à la

malignité des étrangers , et à leurs yeux, bien au-dessous de la plus méprisable créature.... Il serait affreux pour moi que les funestes pressentimens dont je suis la proie, vinssent à se réaliser ;... je n'y survivrais pas, Eugène... Je me suis trompée ; ... vous vous êtes trompé vous-même, car je ne vous croirai jamais méchant ; non, vous n'êtes pas méchant ; mais nous n'avons pas tous deux la même manière d'aimer... Hélas ! je croyais qu'un amour tel que le mien, pourrait tenir lieu de tout, et remplir l'ame la plus ardente... Vous cherchez à vous distraire ; vous n'êtes donc pas heureux ? Considérez mon état ;.... est-il possible que vous ayez des intérêts plus puissans ?.... Adieu donc ; .... infortunée, je compterai les momens.....

Sa douleur était si vraie, si touchante, que j'aurais tout-à-fait abandonné mon projet, si je n'eusse réfléchi aux conséquences qu'elle aurait pu tirer d'un changement si subit, après lui avoir tant de fois fait sentir la nécessité où je croyais être d'entreprendre ce voyage. . . . J'employai tous les moyens de persuasion; je redoublai de protestations et de caresses... Hé bien ! soit, dit-elle, fondant en larmes, partez donc; . . . la mort, après tout, sera préférable au doute, et vous n'éviteriez pas le remords.... Eugène ! Eugène ! ne reconnaissez-vous pas les terreurs d'une infortunée qui va bientôt devenir mère ?...

Je me hâte de terminer cet odieux écrit. . . J'arrivai à Rouen, déguisé de manière à ce qu'il était impossible de me reconnaître. J'appris que le marquis n'avait fait aucunes recherches, et ma haine en redoubla. Je m'informai de ses habitudes et des lieux qu'il fréquentait ; je sus que le jeu était sa passion dominante...Il ne me fut pas difficile d'avoir accès dans la maison où il avait coutume de faire ses parties, et en peu de temps j'acquis la réputation d'un beau joueur... Le marquis donna dans le piége ; il perdit plusieurs jours de suite avec moi; et comme il était très-emporté, et plus sensible encore à la perte, il ne put se modérer, et laissa échapper quelques propos. Je les relevai avec d'autant plus de fierté, que je sentais qu'il n'était pas aimé, et que les autres joueurs étaient bien disposés en ma faveur.....

Malgré la fuite de Clémence, le public n'avait rien diminué de son admiration et de son respect pour elle : on ne se dissimulait pas que le marquis était lui-même la cause de cette action de désespoir... Ainsi, en écartant ce qu'il y avait de personnel dans ses propos, je l'accusai d'avarice, et lui fis sentir finement que sa conduite domestique justifiait assez

L..

ce reproche.... Il devint furieux, et m'assigna un rendez-vous : .... c'était là où je l'attendais. Le silence du remords est la marque du dernier degré de perversité : j'avais plusieurs fois éprouvé mon funeste talent, et je dormis du sommeil de l'innocence.

J'avais acheté un excellent cheval, dont je me proposais bien de faire usage dans l'occasion. J'arrivai dessus au lieu indiqué, et quoiqu'il fît jour à peine, le marquis m'y attendait avec deux de ses amis. Un seul homme m'accompagnait : il m'avait proposé de me servir de second, par haine contre le marquis, et je l'avais accepté. Je fus blessé deux fois de suite, et je n'en devins que plus acharné : ..... j'avais affaire à un homme exercé ; mais je goûtai enfin l'affreux plaisir d'empoisonner les derniers momens de sa vie, en lui faisant connaître son adversaire. Il fit un mouvement de surprise, mêlé d'indignation, qui le mit à découvert... Ses amis accoururent pour le secourir ; il n'était plus temps. Mon second m'aida à panser mes blessures qui n'étaient qu'incommodes, et je m'éloignai au galop.

J'arrivai dans une petite ville d'où j'écrivis à Clémence que je ne tarderais pas à la rejoindre... Je pansai de nouveau mes blessures, et je cherchai à prendre du repos :... il n'en était plus pour moi... Je ne fus pas plutôt seul, que la crainte et l'inquiétude me tourmentèrent ; ... je formais mille projets, et je les abandonnais aussitôt ; j'avais résolu de changer entièrement ma route, et de faire un long circuit ; puis je voulais passer quatre ou cinq jours dans cet endroit, qui me paraissait assez isolé. D'ailleurs, la ville n'était pas sur la grande route de Rouen ; ensuite, je brûlais de m'en éloigner... Je croyais entendre à chaque instant les cris de la famille du marquis acharnée à ma poursuite, et voir la maison entourée de gendarmes... Je ne pus jamais prendre aucune nourriture, et je passai la nuit dans la plus cruelle agitation;... et dès que le jour parut, je continuai ma route, comme autrefois, par des chemins détournés.

Je me félicitais déja de ma profonde prudence;... je n'étais plus qu'à quelques lieues de la ville où Clémence m'attendait, et je croyais en être quitte pour des terreurs paniques, lorsqu'en sortant d'un gros bourg où j'avais passé la nuit, je me vis entouré d'une vingtaine d'hommes à cheval.... Malgré la confusion de leurs cris et des reproches qu'ils m'adressaient, je compris que l'on m'accusait d'avoir volé le cheval que je montais; on l'avait reconnu la veille. La résistance devenait inutile et dangereuse : je protestai de mon innocence; j'offris de rester avec eux

jusqu'à ce qu'on eût écrit à des personnes dignes de foi, qui étaient pré-
sentes lorsque j'achetai le cheval. . .
Mes raisonnemens ne produisaient
aucun effet, et la tête me tourna....
J'eus la mal-adresse de m'engager à
le rendre à son véritable maître,
à condition que l'on me laisserait
libre. Ce sacrifice ne parut pas
naturel chez un homme qui eût été
innocent. L'on me contraignit de
rentrer dans le bourg, et je fus gardé
à vue dans la même auberge où j'a-
vais passé la nuit....

Tout ce que l'homme est capable
d'éprouver de douleurs, d'anxiétés,
je le ressentis... Je marchais comme
un égaré, en faisant fortement cra-
quer les articulations de mes mains ;
je me frappais la tête avec violence:...
j'étais environné de spectres épouvantables ;... je voyais sur la pous-
sière le corps de Clémence tout couvert de plaies sanglantes ;... je croyais

entendre ses gémissemens, et je poussais par intervalle des cris perçans et étouffés...... Tant de marques d'une terreur extraordinaire, augmentèrent d'autant plus les soupçons ; car j'étais exactement observé dans une salle basse qui donnait sur la rue. Deux hommes bien armés en gardaient la porte, qu'on avait laissée ouverte pour mieux s'assurer de ma personne ; les croisées suffisaient à peine à l'avide curiosité de la foule.

Confondu par ma conscience qui avait repris son empire, effrayé par l'inflexibilité de la justice, et les plus affreux pressentimens, j'eus encore à soutenir les assauts de la vengeance. Un homme que je reconnus pour l'amant d'Annette, et que je croyais avoir fait périr sous mes coups, s'agitait beaucoup à une fenêtre, et racontait mon histoire à ceux qui voulaient l'entendre. Il portait une livrée, et c'était celle du jeune seigneur qui vivait avec la malheureuse que j'avais volée... J'étais donc dans la terre du comte de ***, j'étais donc sous sa juridiction....

Je ne languis pas long-temps dans l'incertitude : je fus conduit devant le comte... Son domestique et Annette, qu'il avait épousée, me chargèrent avec le ressentiment de l'innocence outragée. Ils me prouvèrent clairement qu'ils n'avaient eu aucune part au malheur qui m'était arrivé à Paris. ... Le comte ne crut pas que j'eusse volé son cheval ; aussi ne voulut-il pas me juger sur cette accusation... Il rejeta même les plaintes de ses domestiques;... mais je l'avais volé lui, en dépouillant sa maîtresse de ce qu'elle avait de plus précieux... Toute mon effronterie, toute mon astuce ne purent rien contre la force de la vérité... Ce fut pourtant à cette caste, tant détestée, que je dus de n'être pas déchiré en pièces. ... Le comte ordonna expressément que l'on ne me fît aucune violence, aucune injure, et que l'on me remît entre les mains de la justice de la ville voisine. C'était la même que j'avais quittée deux mois auparavant. La prison où l'on me renferma touchait en quelque sorte à la maison que j'avais habitée. . . Quels souvenirs ! Clémence, dont j'appréciais alors les vertus, savait-elle à quel degré d'opprobre j'étais réduit? L'infortunée existait-elle encore ?

La démence et l'abjection, sous le masque de la gaieté, éclataient autour de moi, et contrastaient avec le sombre désespoir de mon ame ;... je ne conservais une lueur de raison que pour mieux appercevoir la profondeur du gouffre où je m'étais précipité... Je parvins à force d'argent à apprivoiser un de nos geoliers, et au risque de tout ce qui pouvait m'arriver, je hasardai quelques questions sur les personnes qui vivaient dans cette maison que j'avais habitée.

La maison avait été incendiée ,.... et personne heureusement n'avait péri dans les flammes; je redoublai mes présens. Huit jours après, pendant lesquels je fus aux portes de la mort, le geolier m'apporta un billet.

« Je m'achemine sur la route de Brest, accablée de douleur :... là, je tâcherai de gagner mon pain en vous attendant ,... car j'ai tout perdu...... Vous connaissez la main qui trace ces lignes dans la crainte et le doute; cette main, hélas ! qui n'eut jamais dû trembler.... Aurait-il été préférable, pour moi, de périr dans cette nuit désastreuse ? »

Il est un degré de douleur où l'homme ne sent plus.... Je me souviens seulement que l'on se crut obligé de me frapper pour me rappeler au douloureux sentiment de mon existence, et me faire marcher....

On nous conduisait à Brest , enchaî-
nés deux à deux....

. Je ne recouvrai l'usage de ma raison que dans le vaisseau , et lorsqu'au
milieu d'une trentaine de femmes
avilies , j'apperçus la malheureuse
victime de mes débordemens. Ses
yeux étaient effarés ; elle s'obstinait
à garder le plus morne silence : enfin,
touchée par mes larmes et mes ins-
tantes prières , elle consentit à me
faire le récit de ce qu'elle avait souffert pendant mon absence....

« . . . Vos malheurs et les miens
ont nécessairement une cause éloignée, Eugène. Je vous crois pourtant
innocent:... quel crime ai-je commis,
moi-même, pour être ainsi traitée?...
Je vous crois innocent , puisque je
vis encore : ... l'abyme est profond ,
Eugène ; l'abyme est par-tout où l'espérance finit....

» Une semaine après votre départ,
la servante que vous m'aviez donnée,

et avec laquelle vous aviez sûrement agi familièrement, puisqu'elle cessa d'avoir pour moi aucuns respects, aucuns égards, me déroba tout ce que je possédais, et mit le feu à la maison. Ce jour-là même j'avais été plus abattue, plus souffrante qu'à l'ordinaire; je m'étais jetée sur mon lit tout habillée;... je me réveillai au bruit des flammes qui commençaient à entrer dans ma chambre, et je courus dans le cabinet où était mon secrétaire;... tout avait été enlevé... Je ne sais encore comment j'évitai les flammes;... je ne vis rien, je n'entendis rien... Ma frayeur était bien grande, puisque je ne rappelai mes sens que hors de la ville, sur une petite montagne d'où je découvrais l'incendie. Le vent soufflait avec violence; parmi le tumulte, je distinguais les cris des habitans; les cloches sonnaient de toutes parts; j'entendais accourir de tous côtés. . . . Peignez-vous mon état; il pouvait être minuit, la nuit était sombre; seule, dévorée d'inquiétudes et de remords; oui, Eugène, de remords! Ne m'aviez-vous pas abandonnée, Eugène? Eugène!... et j'éprouvais des douleurs inconnues et terribles.... Plusieurs personnes qui sortaient de la ville passèrent à côté de moi;... ils se disaient : Quel malheur! ... On est sûr que ce sont ces deux infames qui auront mis le feu à la ville pour emporter plus sûrement leurs vols.... La maîtresse et la servante ont disparu, et tout l'argent de la maison, au premier et au second, a été enlevé...

» Ils marchaient très-vîte; je ne pus en entendre davantage. Je n'osais rester plus long-temps dans cet endroit : transie de froid, et ressentant des douleurs horribles, je marchai lentement, en fondant en larmes, vers une lumière que j'appercevais dans le lointain... C'était la maison du fermier qui nous fournissait depuis que nous demeurions dans la ville. . . Il était jour quand j'arrivai chez ces bonnes gens.

» On me secourut avec humanité ; mais quand j'eus raconté ce qui se passait, le mari devint rêveur ; il fit un signe à sa femme qui le suivit, et je restai seule... Les douleurs que j'avais ressenties redoublèrent de violence...Mes cris avertirent la fermière de mon état.... Mère infortunée !... mon enfant était mort.... Je ne vous fais pas de reproches, Eugène. Mes larmes pourraient me soulager ; mais des reproches seraient inutiles ;... des reproches seraient trop cruels à faire....

» Le fermier avait été à la ville ;... je ne le revis plus...... On ne m'abandonna pas ; mais la crainte et les soupçons perçaient au travers des soins que l'on m'accordait ; le plus profond silence entourait la chambrette où j'étais reléguée; je ne voyais que la fermière, et cependant je connaissais bien ses deux filles...C'étaient les soins de la charité... Je concentrais ma douleur. Il y avait quinze jours que j'étais chez ces bonnes gens; le seizième, au matin, la fermière vint comme à son ordinaire m'apporter ce dont je pouvais avoir besoin; elle ferma soigneusement la porte, et s'assit d'un air triste à côté de moi... — « Ma chère dame, me dit-elle, mon mari a été à la ville; il a appris d'étranges choses.... On dit que votre servante était d'accord avec vous pour voler les honnêtes gens qui demeuraient au second, et qu'après avoir mis le feu à la maison, vous aviez profité du désordre pour emporter l'argent que vous aviez dérobé ; et comme on ne vous a trouvée aucune des deux, on est persuadé que vous vous êtes enfuies ensemble.... Je n'en crois rien, moi;

mais on a donné votre signalement et celui de votre servante, et l'on vous cherche par-tout... Dieu vous bénira si vous êtes innocente;... si vous êtes coupable, ce n'est pas à nous à vous livrer à la justice, car vous êtes mal-heureuse et abandonnée. Mon mari pense ainsi... On dit aussi que vous n'êtes pas la femme de ce monsieur qui est parti il y a quelque temps ; votre servante, que je crois, moi, bien plus coupable que vous, a raconté à ce sujet je ne sais quelle histoire qui fait grand bruit; et nous ne pouvons pas garder chez nous une femme soupçonnée, sur-tout quand nous avons deux jeunes filles, et notre réputation pour tout bien.... Je suis bien fâchée, ma chère dame, de vous parler comme cela, mais il faut obéir à son mari qui, après tout, doit en savoir plus que moi... » Mes sanglots m'étouffaient : je n'osais trop m'expliquer de peur de vous compromettre. Mon frère, mon cruel frère me poursuivait jusques dans mes songes. Je pris Dieu à témoin de mon innocence ; la bonne fermière ne pouvait retenir ses larmes.

» Je sentais moi-même que je ne pouvais rester davantage chez ces honnêtes gens que je gênais extrêmement... Je vous écrivis un billet, que je conjurai la bonne fermière de vous remettre, quand vous reviendriez, comme je ne pouvais m'empêcher de l'espérer. Malgré les défiances que faisaient naître mon silence sur ses questions quand elles avaient rapport à vous, et plus encore mon obstination à ne pas vouloir retourner à la ville, à refuser de me justifier publiquement, elle fut assez généreuse pour me jurer qu'elle ferait épier votre arrivée, et que vous recevriez mon billet; elle poussa la bonté jusqu'à me confier à la garde de son fils aîné, qui partait le lendemain avec

une voiture de bled, pour une ville
à dix lieues de là... Elle m'avait fait
un paquet de mes effets, et j'arrivai
déguisée en demi-paysanne, et ense-
velie dans la paille... Quelle manière
de voyager, Eugène! Une coupable,
une criminelle devait seule en user
ainsi. Je pris congé du bon jeune
homme, qui me renouvela ses promesses de vous faire parvenir mon
billet, et la douleur dans l'ame, je
continuai ma route vers Brest, où
j'étais résolue de vous attendre....

» Je ne trouvai pas à m'occuper
comme je l'avais espéré : je vendis
mes effets peu-à-peu... Il ne me restait plus qu'un dez et un étui en or;...
je les portai chez les mêmes personnes. On avait eu des soupçons; ces
deux bijoux les augmentèrent; les
signalemens que l'on avait envoyés
de tous côtés me convenaient parfaitement; je fus arrêtée et mise en prison.... J'y languis un mois :.... je

n'eus pas la force de me défendre;...
je ne pouvais que pleurer, et prendre
Dieu à témoin de mon innocence, et
gardai constamment le silence sur
tout le reste...

» . . . . Je fus condamnée,... Eugène... On traita votre amie avec la
dernière injustice;... on avilit publiquement une infortunée, dont le
seul crime était de vous avoir aimé,...
de vous avoir préféré à tout. : . . . . .
Rendez-moi à moi-même, Eugène...
Dites un mot,... je vivrai... Si j'ai pu
tant souffrir pour vous;... si j'ai pu
résister au doute,... à la douleur, au
mépris, à l'opprobre, de quels sacrifices n'est pas encore capable un
cœur qui ne cessa jamais de chérir
la vertu, qui vous crut et vous croit
encore innocent?..... »

Elle me fixait en parlant ainsi; son
regard avait quelque chose de sinistre; son attitude annonçait une résolution irrévocablement prise....

J'étais moi-même déterminé; mais
je rassemblai toutes mes forces pour
lui cacher l'affreux tourment de mon
ame... Je l'assurai qu'elle vivrait,...
que je la satisferais ;.... je la suppliai
de rejeter loin d'elle tout soupçon
sur aucune espèce d'intimité avec la
servante, seule cause de l'état où
elle était réduite.... O Clémence !
vous avez raison, lui dis-je, nos malheurs viennent de loin : j'en connais la cause, ... et je vous la dirai ;
accordez-moi quelques jours... J'é-
tais souffrant; ma langueur et mon
extrême faiblesse touchèrent vivement cette infortunée, et firent di-
version à ses propres douleurs. Je
me procurai du papier, et pendant
que je déroulais ainsi le révoltant tableau d'une vie déshonorée, elle partageait régulièrement avec moi ce
que votre ami lui faisait passer; souvent hélas ! malgré mes prières et
mes remontrances, elle se privait de

manger des jours entiers. Je n'ai pu jusqu'à ce jour obtenir d'elle une seule parole ;... elle semble attendre la fin de cet écrit....

Que ne puis - je rentrer dans le néant !... il n'en est point... J'ai ressenti mille fois des douleurs inouies, et je raisonnais comme un homme sans passions... J'ai joui d'une santé robuste, et mon ame était dans la détresse... Il y a deux êtres dans moi:... ma pensée rétrograde, pénètre le présent, et s'enfonce dans l'avenir... J'existe sans cesser de penser ; mon ame est inépuisable, elle n'a rien perdu de sa force, de son énergie:... je puis penser indépendamment de mon corps..... Dieu juste ,..... Dieu vengeur !... mon heure est venue; mon ame cherche à s'élancer, à quitter le vil instrument de ses crimes... Ah ! puissiez-vous ne jamais connaître le remords !

J'avais fini de lire ; Bellemare nous dit : croyez-vous, messieurs, qu'il soit au pouvoir des hommes de me rendre ce qu'ils m'ont ôté ? Il est clair pour vous que je suis innocent ; celui qui aura lu cet écrit, pourra peut-être encore m'estimer, malgré mes malheurs, et s'il n'a aucun intérêt à douter de la vérité, s'il est assez grand pour s'élever au-dessus des préventions et des préjugés. Mais combien de peines et d'humiliations pour parvenir à regagner l'estime de quelques individus ! Et cette estime vaut-elle, après tout, ce qu'elle me coûtera ? Mais j'ai été outragé par la calomnie, et mon cœur saigne encore ; j'ai été flétri par un jugement inique.... Qui m'ôtera le souvenir de la méchanceté des hommes ? Qui me délivrera de l'indignation et de l'horreur que m'inspire l'atroce égoïsme?... Qui me rendra cette douce incurie, ces délicieux élans d'une ame sensible , et pénétrée d'amour pour les hommes, que je ne croyais que faibles ?.... Qui ? M. de Bellemare , lui dit le capitaine , en le fixant d'un œil où brillait une flamme céleste, qui ? O mon ami ! homme généreux ! pouvez-vous demander qui ?..... Dieu.

Bellemare pressait le capitaine en pleurant... Son silence fut pour moi une réponse éloquente et religieuse.

CHAPITRE XXXII.

Une tempête.

Depuis notre départ la navigation n'avait pas été heureuse. Nous avions été contraints de relâcher aux Canaries assez long-temps, et les vents n'avaient cessé de nous contrarier : cependant nous n'avions éprouvé aucun accident désastreux. Nous appercevions vers l'est les montagnes du cap de Bonne-Espérance ; il était neuf heures ; le temps était variable, l'air se troublait. Un brouillard épais environnait le soleil ; on distinguait à peine son disque d'une couleur jaunâtre ; le ciel était pur à l'ouest. La mer s'enflait en mugissant ; la tempête paraissait gronder du fond des abymes ; le vent soufflait avec violence vers le sud. Tout ce que la science et l'expérience réunies peuvent imaginer, fut mis en usage par le capitaine ; il prévoyait des malheurs. Les matelots les plus exercés, les plus intrépides, regardaient le temps avec inquiétude, et paraissaient s'attendre à quelqu'accident terrible. Chacun était à son poste, et recueillait, dans le silence, ses forces et son courage.

A midi, nous entendîmes dans le lointain un bruit sourd et lugubre, semblable aux roulemens prolongés d'un fleuve qui s'engouffrerait dans l'énorme ouverture d'un tremblement de terre. Les nuages s'amoncelaient ; le tonnerre entr'ouvrait leurs flancs roussâtres, et sillonnait le sommet élevé des vagues ; les éclairs précédaient et suivaient continuellement les coups éclatans et redoublés de la foudre. La nuit qui approchait redoublait encore la terreur. . . . Le capitaine nous apperçut, Bellemare

et moi, et nous fit signe de rentrer.
Tout-à-coup une vague fondit sur le
vaisseau, arracha les grapins qui
retenaient les chaloupes, et les emporta dans la mer. Un cri affreux,
sorti de l'entrepont, retentit douloureusement au fond de mon cœur; le
vaisseau était encore sur le côté lorsque le mât de beaupré se rompit
sous l'effort d'une autre vague; et le
couronnement, qui semblait sus-
pendu dans l'air, retomba avec un
fracas et une secousse effroyables. Le
vaisseau était continuellement tour-
menté avec une extrême violence;
nous entendions des sons aigus et
perçans, tels que ceux de clous qu'on
arrache, et de planches qui craquent
en se déjoignant; je croyais déjà
voir entrer l'eau entre les couples
écartés.....Toutes nos forces suffisaient à peine à nous cramponner sur
le plancher que nos corps balayaient
de tous les sens; rien ne peut don-

M.

ner une idée des déchiremens que
nous éprouvions.

Une secousse inexprimable sus-
pendit nos douleurs pour un instant,
et fut immédiatement suivie de l'im-
mobilité et du silence, terribles indices d'une destruction prochaine...
Tous nos nerfs se crispaient; nos
muscles étaient tendus;.... nous ne
respirions plus, nous luttions déja
contre la fureur des flots.... Cet état
de contraction ne dura que quelques
secondes ; sa violence nous épuisa :
je me relevai comme un homme qui
sort d'un songe épouvantable; encore étourdi des efforts que j'avais
faits ; je sortis machinalement sur le
pont ; mais de nouvelles secousses
me rendirent bientôt à l'horreur des
dangers qui nous menaçaient. . . On
coupait les cordages qui retenaient
les bouts de mâts et les vergues ; on
jetait des canons à la mer.....Le vent
redoublait de violence.... Les vagues

se succédaient avec rapidité ; nous
étions comme ensevelis :... l'eau entrait dans les entreponts , inondait
les soldats et les passagers, et leur ar-
rachait par intervalle des cris lamen-
tables. ... Il y avait onze heures que
nous étions dans cet état déplorable.

Le jour parut ; des nuages roussâtres couraient inversement, et s'en-
tre-choquaient ; ils paraissaient tou-
cher la crète bouillonnante des vagues... Le vent avait pourtant presqu'entièrement cessé. Je vis la terreur et la désolation sur tous les visages ; plusieurs matelots avaient été
emportés dans la mer. Le capitaine
pleurait son neveu , et demandait en
vain le brave lieutenant de ville. Un
mât, en se rompant, avait écrasé la
tête du second capitaine , qu'une
corde liée à un affût du canon , retenait par le milieu du corps.... Dans
l'entrepont, cinq femmes et trois
hommes étaient morts de leurs dou-

leurs ; les autres malheureux reçu-
rent tous les secours que pouvait
promettre cette espèce de calme : le
capitaine fit distribuer quelques res-
taurans ; les matelots seulement purent manger.

Vers le soir, la mer était beaucoup calmée, mais elle mugissait encore ; des montagnes d'écumes couvraient le vaisseau de temps en temps.
Notre inquiétude était extrême ; la
calle se remplissait insensiblement ;
les pompes étaient insuffisantes, et
l'on n'avait pas encore découvert les
voies d'eau. Nous passâmes ainsi la
nuit dans des transes et des terreurs
continuelles.....

Au jour, le désespoir était à son
comble ; équipage, soldats, passagers, tous étaient accablés de fatigues, et gisaient çà et là, en attendant la fin de leurs maux avec une
résignation stupide. M. de Kerbonne
ne se laissait point abattre ; il excitait

il encourageait ceux qui pouvaient encore l'entendre; il fit encore distribuer un peu de nourriture, quelques bouteilles de vin et d'eau-de-vie. Il descendit lui-même pour chercher à découvrir les voies:... à son exemple, plusieurs soldats s'unirent aux matelots, et nous recommençâmes à pomper.....On vint nous avertir qu'on avait découvert, et qu'on s'occupait de boucher deux voies; que l'eau diminuait visiblement:... chacun alors se relève, et s'unit à nous, en remerciant l'Éternel, et en s'encourageant mutuellement. Quelques momens après, le capitaine nous annonça lui-même que le danger était passé, qu'il n'y avait plus rien à craindre. On travailla avec ardeur à relever des mâts; on rajusta des voiles et des cordages..... Le temps s'était éclairci, et la mer était devenue infiniment plus navigable. La nuit nous surprit au milieu de ces travaux.

Nous tirâmes le canon ; au qua-
trième coup, nous entendîmes un
bruit semblable qui nous répondait.
Jusqu'au jour, nous eûmes la douce
consolation de sentir que nous n'é-
tions pas entièrement isolés... Ce ne
pouvait être qu'un vaisseau : selon
l'estimation du capitaine, nous étions
à plus de soixante lieues de la terre...
Quoiqu'il n'y eut presque pas de
vent, nous gouvernâmes constamment du côté d'où venait le bruit,
en tirant par intervalle...On s'occupa
des malades, et personne ne voulut
prendre aucun repos, tant était grand
le desir que nous avions d'aborder
nos amis. Au soleil levant, nous si-
gnalâmes deux vaisseaux anglais : le
calme était parfait ; ils étaient en
panne à nous attendre. Les Anglais,
en général, ne sont que des hommes;
mais, dans le malheur, ce sont des
divinités bienfaisantes.... Ils avaient
aussi été très-maltraités ; ce n'était

rien en comparaison de ce que nous avions éprouvé... Nous en reçûmes tous les secours que nous pouvions desirer pour le moment.

J'admirai le cœur de l'homme, et sur-tout le cœur d'un marin : quelques repas nous firent entièrement oublier les dangers auxquels nous venions d'échapper ; mais la perte de nos amis était irréparable.

Nous relâchâmes au cap de Bonne-Espérance, où nous restâmes à nous radouber, et à renouveler une partie de notre équipage, qui avait considérablement souffert. Nous avions beaucoup de monde hors d'état de servir, par les fièvres et le scorbut qui ravageaient notre bord.

Les prédictions du capitaine s'accomplissaient. . . . . La foudre avait éclaté ; ... la confusion, le désordre de l'anarchie bouleversaient l'état ; le sang innocent avait coulé, et le cri de la mort avait lugubrement

retenti dans tous les points de la
malheureuse France. Nous ne pû-
mes obtenir aucunes nouvelles particulières de nos parens et de nos
amis.

CHAPITRE XXXIII.

Le Vallon de l'innocence.

Après une traversée longue et fatigante, nous débarquâmes au Port-Louis ; une frégate nous avait devancés de quelques mois ; et on nous confirma ce qu'on nous avait dit au Cap de Bonné-Espérance ; mais nous n'apprîmes rien de nouveau. M. de Kerbonne devait attendre des ordres, et Bellemare avait la liberté de vivre dans l'île où bon lui semblerait ; son choix ne fut pas difficile à faire. Parmi les livres qui nous avaient fait supporter les ennuis d'une si longue navigation, nous avions lu avec délices les *Etudes de la nature*, du bon, du sensible Saint-Pierre ; nous savions par cœur le touchant récit des plaisirs et des malheurs de *Paul et de Virginie.*

Bellemare, dont l'imagination cherchait sans cesse à s'exercer sur des sujets mélancoliques, avait cru trouver des rapports entre sa situation et celle du jeune insulaire. Il voulut absolument vivre dans le *Vallon de l'innocence;* c'est ainsi qu'il nommait le petit terrain jadis habité par ces deux familles intéressantes. J'avoue que cette idée, malgré les souvenirs qu'elle devait retracer, ne laissait pas d'avoir quelque chose d'agréable et de consolant. Un même sentiment nous animait; à peine eut-il terminé quelques affaires indispensables, que nous nous acheminâmes vers le *Vallon de l'innocence...*

Mon ami, me disait-il chemin faisant, je brûle de voir ces lieux chéris, témoins des épanchemens de deux cœurs purs, victimes des préjugés et de l'ingratitude... Je respirerai l'air que respiraient autrefois Paul et Virginie, et les deux mères, et le vieux Domingue, et sa fidèle compagne. Je releverai les deux cabanes ;... et dans celle qu'habita Virginie, je déposerai les malles de votre Henri... Henri, avec une autre éducation, a pourtant aussi l'ame de la chaste Virginie..... Je visiterai les tombeaux, je les environnerai de fleurs... Je ranimerai le souvenir, hélas ! peut-être éteint, de la vertu malheureuse... J'essuierai les larmes de l'esclave fugitive ; je traverserai cette âpre et sombre montagne qui retentit une nuit des cris de Paul ;... où Virginie s'abandonnait religieusement à la bonté de la Providence, en consolant son ami ;... où l'inexpérience et l'humanité, l'innocence et l'amour confondirent leurs pleurs... J'irai reprocher à ce dur Colon sa féroce brutalité ; . . . je n'amollirai pas son cœur de roc... Hélas ! un ange ne put opérer ce miracle ; mais je verrai l'affreux sourire de l'avarice à l'aspect de l'or;... je donnerai de l'or;... et plus heureux que Virginie , je ramènerai l'esclave avec moi....

Je m'enflammais par degré en écoutant mon ami , dont le cœur gros exhalait ainsi sa bienveillance et son indignation. Je me faisais moi-même un tableau enchanteur de ces lieux que nous allions parcourir ; je les admirais d'avance. Bellemare s'était attaché un nègre, qui devait à de longs travaux et à des vertus héroïques , sa liberté et l'estime générale. Il s'appelait Domingue, comme le vieux compagnon de Paul ; dans sa jeunesse, il avait connu cet intéressant jeune homme ;... il avait vu Virginie, offrant ses vœux à l'Eternel, à genoux sous les touffes de *bambous*. Bellemare ne se lassait pas de l'entendre parler des deux mères, de lui faire répéter les traits de leur

généreuse sensibilité:.... il lui rappelait les deux cocotiers, les sentiers
tortueux tracés sur le penchant de la
montagne... Cent fois Domingue s'é-
tait reposé sur la découverte de l'a-
mitié, cent fois il était venu se désaltérer dans la flaque, appelée le *repos
de Virginie;* l'emplacement des deux
cabanes était toujours présent à son
cœur reconnaissant... Il nous précé-
dait; le trajet n'était pas long. . . . .
O Saint-Pierre ! la nature que tu dé-
peins avec une vérité si frappante,
la nature semblait avoir reproché à
l'homme son indifférence sur le vrai
bonheur et son égarement. Cette en-
ceinte, autrefois si soigneusement
cultivée, si riante quand l'amour l'ha-
bitait, était embarrassée d'une mul-
titude innombrable de plantes, d'arbrisseaux et de lianes, qui semblaient
en défendre l'entrée à une profane
curiosité. Domingue s'était arrêté,
et nous montrait du doigt une petite

élévation en forme de plateau. Parmi les herbes et les lianes qui la couvraient, nous apperçûmes encore quelques pièces de bois que nous reconnûmes, malgré leur vétusté, pour avoir fait partie des deux cabanes. . . . Les deux cocotiers avaient cédé aux années, ou aux torrens destructeurs : le bain de Virginie était rempli ; il n'en restait aucunes traces. *Les perdrix, les merles, les bengalis, les perruches* étaient retournés dans les forêts se plaindre aux échos des montagnes, et les échos du *Vallon de l'innocence* ne redisaient plus que le cri funeste de l'épervier. Seulement, quand une brise frémissait entre les arbres, en agitant leurs feuillages, on entendait par intervalle quelques cris faibles et plaintifs. . . . . . Cet abandon total, cette confusion de végétaux, ces tristes restes des deux cabanes, ce silence, avaient je ne sais quoi de

funèbre et de religieux........ *Tout
périt sur la terre*, dis-je à Bellemare,
*il n'y a que le ciel qui ne change
point;* et le cœur de l'homme vertueux, me répondit-il, en pleurant.

CHAPITRE XXXIV.

Une, ... deux autres Virginies.

Depuis neuf mois je vivais dans l'île, tantôt avec M. de Kerbonne qui demeurait à la ville, et avait été long-temps et dangereusement malade, tantôt avec Bellemare qui nous visitait lui-même. Il avait acheté tout le terrain qui se trouvait à vendre aux environs, et s'était emparé de ce qui restait à la discrétion du premier occupant. Sous la direction du vieux Domingue, qui consultait les goûts et les idées de son jeune ami, car Bellemare ne voulait autour de lui que des amis, une douzaine de nègres, des deux sexes, travaillaient à l'envi à défricher le terrain propre à la culture. Dans les endroits trop rapides et rocailleux, ils aidaient et

utilisaient la nature pour leurs besoins. Les travaux de l'amant de
Virginie étaient rétablis depuis long-
temps dans leur premier état ; les
deux cabanes reconstruites ; le bain
de Virginie creusé et entouré de
verdure ; les fleurs, les plantes, les
arbres favoris des anciens habitans,
brillaient et s'élevaient de toutes
parts : un troupeau de chèvres er-
rait çà et là, suspendues sur des
rochers anguleux : je les voyais souvent brouter les capillaires et les
bourgeons des arbrisseaux ; attirée
par une nourriture journalière et
exactement distribuée, une multi-
tude d'oiseaux, de toute espèce, était
venue fixer sa demeure dans ces nouveaux bosquets, et ranimait, par
ses chants variés, ces retraites où
régnait le silence de la désolation
quelques mois auparavant.

Sur le même rocher où Paul avait
parlé à Virginie pour la dernière fois,

Bellemare avait fait élever un petit monument surmonté d'un obélisque, et sur les deux grands côtés de la base, il avait gravé lui-même le précis de l'histoire de ces deux infortunés. Auprès de l'église des Pamplemousses, une haie de jeunes bambous, entremêlée de cyprès, entourait l'espace où reposaient ces deux vertueuses familles. Pour en perpétuer en quelque sorte la mémoire, mon ami avait formé le projet d'une fête annuelle.

Les jeunes garçons et les jeunes filles des environs devaient s'assembler le vingt-quatre décembre de chaque année, sur le rivage de la mer, à la baie du tombeau. Là, on leur racontait le naufrage du Saint-Géran, entre l'île d'Ambre et la terre ; la manière dont le corps de Virginie fut trouvé, à moitié couvert de sable, dans le même endroit où l'on était alors. On aurait grand soin de leur faire sentir toute l'étendue du sacrifice que Virginie avait fait à la pudeur :.... puis on s'acheminerait vers l'église des Pamplemousses, où étaient les tombeaux, et l'on assisterait au service divin ;... ensuite on viendrait au *Vallon de l'innocence*. Un grand repas serait préparé pour toute cette jeunesse et les assistans... Chaque couple de jeunes gens recevrait quelques cadeaux conformes à leurs goûts, autant que cela serait possible ; mais on devait encore imiter la délicatesse de Virginie, et faire porter en cachette, à la porte de la case des plus nécessiteux, des présens plus utiles et plus proportionnés à leurs besoins ; car, disait Bellemare, c'est souvent la manière d'obliger qui fait les ingrats. Il voulait mettre à part une somme d'argent, dont la rente ne pourrait servir qu'à cet emploi ; et le produit des différens terrains qu'il avait achetés était tellement disposé, qu'après avoir prélevé ce qui était nécessaire aux besoins de l'habitation principale, il resterait toujours une somme destinée au rachat de quelques nègres marons, qui auraient appartenu à des maîtres connus par leur cruauté envers leurs esclaves; mais il prenait de grandes précautions pour l'exécution de ce dernier article. Au défaut d'un esclave fugitif à racheter, on devait employer le superflu au soulagement des pauvres des environs, son dessein n'étant nullement d'entasser des trésors.

Mais lorsque le repas serait fini; après les danses, les courses, les promenades et les visites multipliées dans tous les endroits fréquentés autrefois par les deux amans, en l'honneur desquels on avait institué la fête, et dont on ne manquerait pas de raconter quelque trait intéressant de leur vie; lorsqu'enfin, au milieu de ces innocens plaisirs la nuit serait survenue, une troupe de nègres, imitant les marons qui portèrent Paul et Virginie, formeraient des brancards sur lesquels on placerait deux jeunes enfans ; et toute la troupe, pénétrée d'une joie douce et religieuse, et précédée de *tisons flambans*, traverserait la montagne et les bois, et remettrait les enfans chacun chez soi. Ainsi devait finir la fête du bon Bellemare.... Il voulait ranimer le souvenir de tant de vertus ; car, à l'exception de Domingue et de quelques vieillards, dont le petit nombre diminuait encore tous les jours, à peine se souvenait-on, dans la contrée, qu'il eût existé deux pauvres familles, plus heureuses par leur travail, leur douce philanthropie, leurs vertus domestiques et leur résignation aux décrets de l'Eternel, que par les richesses et le faste dont elles avaient reconnu l'insuffisance et la vanité. On avait bien encore une idée con fuse d'un naufrage vers le quartier de la poudre d'or. . . . Quelques vieux Colons en parlaient lorsque l'on avait les indices d'un ouragan; le peuple disait *la baie du Tombeau*, le *Cap malheureux*, et ignorait la vraie cause de ces tristes dénominations; mais les Négresses de Madagascar, les Cafres de Mosambique, les Indiennes du Bengale et de la côte du Malabar, les pauvres familles Européennes, les malades sans secours, sans consolation, avaient perdu leurs aimables bienfaiteurs; ils étaient allés rejoindre au tombeau les objets de leur admiration.

Depuis notre séjour dans l'île, nous n'avions reçu aucunes nouvelles; aucun vaisseau n'avait mouillé dans notre rade, et nos inquiétudes devenaient plus vives à mesure que les jours et les mois se succédaient. J'étais parti de la ville, un matin, et j'avais résolu de passer la journée avec mon ami. Un de ses nègres me dit qu'il était allé sur le morne de la découverte, observer un vaisseau que l'on avait signalé. Je prenais le chemin du morne pour le rejoindre, lorsque je le vis accourir à moi....

—Un vaisseau, mon ami, un vaisseau !

Il était dans mes bras sans pouvoir continuer. Il pleurait et riait en même temps...

— « Je descendais à l'habitation pour vous faire avertir... Le vaisseau est très-loin :... il ne fait pas un souffle de vent; .... il ne pourra jamais arriver aujourd'hui ;... ce soir, peut-être, j'aurai des nouvelles : ... je le sens là, mon ami, j'aurai plus que des nouvelles.... Restez avec moi, mon cher Marbai, je serai heureux, vous partagerez mon bonheur. »

Il me conduisait par la main vers un endroit écarté et très-pittoresque; je ne l'avais pas vu. Il y avait

fait construire une maison : car , disait-il , les deux cabanes seront dé-
sormais deux temples , deux asyles
pour l'innocence malheureuse.. . ...
Il était tellement agité , qu'il ne pouvait rester deux minutes en place.
Il parcourait avec moi tous les sentiers , tous les lieux consacrés par
quelques souvenirs ; puis il s'écriait :
« Un vaisseau ! ... ce vaisseau m'ap-
porte le bonheur. ... » Il demandait
Domingue ; et Domingue était parti
dès qu'il avait apperçu le pavillon
du morne. Il appelait Auguste ; Auguste accompagnait Domingue.

Auguste était un jeune nègre d'une
sagacité étonnante ; vif , aimant caressant , infatigable. Domingue, qui
le connaissait , n'avait pas eu un moment de repos qu'il ne l'eût procuré
à Bellemare ; et Bellemare l'avait
nommé Auguste.

Nous passâmes une partie de la
journée dans des effusions de cœur ;

il me raconta ses projets pour l'avenir. Il n'attendait que des nouvelles de ses amis pour se déterminer sur l'emploi des sommes considérables qu'il avait avec lui. D'ailleurs, il était absolument résolu de rester dans l'île, et d'y finir paisiblement le reste de ses jours.

Cependant nous avions escaladé le morne ; j'avais apperçu le vaisseau qui paraissait immobile comme un petit rocher au milieu de la mer ; le temps fuyait malgré notre impatience. Un nègre vint nous dire qu'il avait pénétré à travers la montagne ; qu'au nord-ouest, il avait apperçu une chaloupe qui naviguait vers l'île, et qu'elle se dirigeait du côté de la baie du tombeau. Bellemare n'y put plus tenir ; je le suivis vers la rivière des Lataniers.... Nous marchâmes quelques momens en silence ; puis il me dit : le temps est beau, le calme parfait, aucun indice d'un ouragan, j'aurai plus que des nouvelles.... Le cœur me battait ; sans être aussi agité que lui , je n'éprouvais pas moins un desir ardent de voir arriver la chaloupe... Nous étions près de la rivière des Lataniers , lorsqu'Auguste déboucha un petit sentier en courant à perdre haleine... O maître ! bon maître ! ... voir grosse pirogue... Hommes beaucoup ; ... une , ... deux autres Virginies... Domingue attendre avec un mouchoir ; .... moi courir à l'habitation chercher brancard. . . . . Pirogue être à terre à présent. . . . . . Bellemare tomba sur l'herbe ; ... mon cœur se resserra ; puis je versai une larme... Les émotions du plaisir sont rapides comme l'éclair. . . . Nous ne marchions plus, nous courions : .... nous entrevîmes de loin le vieux Domingue entouré de plusieurs personnes ; et lorsque nous eûmes dépassé une petite monticule, qui nous cachait une partie de la baie , j'ap-

perçus distinctement Henri, l'aimable, le fidèle Henri. Il était avec une
autre demoiselle, que Bellemare reconnut pour mademoiselle de Saint-
Leu... Nous reçûmes et prodiguâmes
les plus tendres caresses; le héros
de l'amitié, le généreux Plainville
avait suivi ses amis au-delà des mers:
tous les visages étaient inondés de
larmes;... c'étaient les larmes du bonheur... Et les matelots Anglais, qui
avaient eu le temps d'apprécier leurs
passagers, témoignèrent aussi leur
honnête et rustique sensibilité. Ils
burent un toast en l'honneur de l'a-
mitié :... enfin, au milieu des questions qui se succédaient, et des dé-
monstrations des sentimens les plus
délicieux, nos amis accoururent en
foule, avec nos voisins qu'ils avaient
avertis, et escortées par l'amour et
l'amitié, deux *autres Virginies* arri-
vèrent au *vallon de l'innocence*, assi-
ses sur des brancards faits à la hâte
par les mains de la reconnaissance.

CONCLUSION.

JE n'écrirai point le désolant récit de mes amis ; je ne toucherai au voile si souvent et si inutilement déchiré ; que ne puis-je le rendre impénétrable, en éteindre jusqu'au souvenir !.... M. de Sauville avait sauvé mademoiselle de Saint-Leu, encore couverte du sang de son innocent et malheureux frère. L'évêque de ***, mon vénérable parent, si connu par sa bienveillance et sa douce humanité, fut écrasé sous la barre meurtrière..... Les apôtres de la moderne philosophie souriaient à leurs affreux succès ;... ils étaient révérés comme des anges tutélaires ; deux d'entre eux avaient épousé les demoiselles Desgrieux. . . . J'étais absent, je fus jugé coupable ; mon bien fut vendu... Mes amis s'étaient heureusement réfugiés en Angleterre avec ce qu'ils

purent sauver des débris de leur fortune, et un vaisseau anglais les avait
rendus au bonheur et à l'amitié.
Quelque temps après, M. de Kerbonne succomba à la douleur. Mademoiselle de Sauville avait épousé son
cher Bellemare ; ils se disputaient entre eux les premiers regards, les premiers sourires du fruit de leur amour ;
on l'avait nommé Virginie... M.lle de
Saint-Leu, unie au frère de mon
Henri, venait de donner à son Auguste un autre Paul... Et Plainville,
fidèle à son vœu, ne pouvait être
heureux que du bonheur de ses
amis. J'en jouissais aussi ; je me par-
tageais entre ces aimables familles ;...
mais j'étais devenu mélancolique ; le
genre de sensibilité dont j'étais af-
fecté me tourmentait... Les égards,
la tendresse pure et naïve de mon
Henri, ranimaient chez moi un sentiment que le temps et l'absence n'a-
vaient point éteint... Henriette était

devenue si belle ! si touchante !

Les empressemens, l'amitié généreuse de Bellemare, me faisaient éprouver des mouvemens de dépit qui m'humiliaient. . . . Je ne pouvais me consoler de la perte de M. de Kerbonne ; je cherchais la solitude des bois, je m'enfonçais dans les plus sombres forêts ; et là, je donnais des larmes à la mémoire de mon digne ami... J'étais avide de nouvelles ; je courais incessamment à la ville ; j'en revenais rêveur, et souvent navré de tristesse. A la moindre espérance de calme, je brûlais du plaisir de revoir ma patrie ; je chérissais ma patrie par-dessus tout... Dans mes promenades solitaires, je pensais aux lieux qui m'avaient vu naître, et je les parcourais avec l'enthousiasme de la sensibilité, jusques dans le sommeil.... Mais ces douces chimères disparaissaient bientôt, lorsque je réfléchissais à l'immense étendue des mers qui m'en séparait. Mes amis m'avaient cent fois conjuré de rester avec eux, et de partager en frère avec moi... Tant de bontés ne purent me faire supporter la présence de madame de Bellemare, que je fuyais depuis quelque temps, et ne fit qu'ajouter encore au desir que j'avais de revoir ma patrie....

Je ne prévoyais pas ce qui me restait à souffrir, car l'homme suppose toujours la possibilité d'obtenir ce qu'il desire... Je quittai mes amis en leur promettant de recourir à leur généreuse amitié, de les rejoindre même, si les circonstances aggravaient mes malheurs....

Je revis l'Europe; j'errai pendant six ans, pendant six ans je mangeai le pain de l'étranger... J'eus le temps de connaître les hommes, de les apprécier.... Enfin, le génie et l'humanité ont mis un terme à l'avide et sanguinaire vengeance. . . . . J'ai vu renaître des jours sereins, et je suis venu dans ma patrie... Hélas ! je ne puis plus, comme autrefois, choisir le moyen de lui être utile.... Il ne m'en reste qu'un.........

F I N.

TABLE

DES CHAPITRES

CONTENUS DANS CE VOLUME.

FIN DE LA TALE.

ERRATA

DU SECOND VOLUME.

Page 173, *vertu*; . . . *à*; lisez, *vertu*. . . . *A*
Pag. 200, *fougueux*; lisez, *honteux*.